自主学习

親がやっている「見守る」子育て
自分で学べる子の

守护式养育法
43个秘诀培养会自学的孩子

守护式养育法

43个秘诀
培养会自学的孩子

[日] 小川大介 著　宋天涛 译

机械工业出版社
CHINA MACHINE PRESS

JIBUN DE MANABERU KO NO OYA GA YATTEIRU「MIMAMORU」KOSODATE

ⓒ Daisuke Ogawa 2021

First published in Japan in 2021 by KADOKAWA CORPORATION, Tokyo.
Simplified Chinese translation rights arranged with KADOKAWA CORPORATION, Tokyo through Shanghai To-Asia Culture Communication Co., Ltd.

Simplified Chinese Translation Copyright ⓒ 2023 by China Machine Press

本书中文简体字版由机械工业出版社在中国大陆地区（不包括香港、澳门特别行政区及台湾地区）独家出版发行。未经出版者书面许可，不得以任何方式抄袭、复制或节录本书中的任何部分。

北京市版权局著作权合同登记　图字：01-2021-4924 号。

图书在版编目（CIP）数据

守护式养育法：43 个秘诀培养会自学的孩子 /（日）小川大介著；宋天涛译 . — 北京：机械工业出版社，2023.4
ISBN 978-7-111-72661-6

Ⅰ.①守…　Ⅱ.①小…②宋…　Ⅲ.①自学能力 - 能力培养 ②儿童教育 - 家庭教育　Ⅳ.①G442②G782

中国国家版本馆CIP数据核字（2023）第028472号

机械工业出版社（北京市百万庄大街22号　邮政编码100037）
策划编辑：丁　悦　　　　　责任编辑：丁　悦
责任校对：李小宝　陈　越　责任印制：张　博
中教科（保定）印刷股份有限公司印刷

2023年5月第1版第1次印刷
145mm×210mm・6.75印张・1插页・95千字
标准书号：ISBN 978-7-111-72661-6
定价：59.80元

电话服务　　　　　　　　　网络服务
客服电话：010-88361066　　机　工　官　网：www.cmpbook.com
　　　　　010-88379833　　机　工　官　博：weibo.com/cmp1952
　　　　　010-68326294　　金　书　网：www.golden-book.com
封底无防伪标均为盗版　　　机工教育服务网：www.cmpedu.com

序 言
孩子会告诉我们育儿的"正确答案"

几乎所有父母都希望孩子过上幸福美满的生活。

想必许多父母都寻求过育儿的"正确答案"吧!

在上一辈人的眼里,学历高、在"好公司"工作、平安顺遂地生活,就被视为"美好生活",所以育儿的"正确答案"在一定程度上也被形式化了。

但在现代,全世界都在高速发展,所谓的"正确答案"已经崩塌,可以说,我们正处于"前途未卜的时代"。

在前途未卜的时代应该建立起"自我坐标轴"

面对未知的未来,父母应该引导孩子建立"自我坐标轴"。自我坐标轴即**自己是什么样的人、喜欢什么、擅长什么**等对自我的理解，以及基于此形成的**判断基准**。有自己的坐标轴，就能应对人生中遇见的各种问题，以自己的基准进行决断，让自己坚韧地在社会上生存。

建立自我坐标轴的育儿方法就是本书的主旨——**守护式养育法**。

30多年来，我一直学习和从事儿童教育工作，参与育儿的相关活动。在2000年，我成立了小升初专业辅导班，与6000多个家庭进行过面谈，和很多处于育儿阶段的家庭打过交道。

现在我结束了辅导班的运营工作。为了帮助更多的家长，我投入到了写作和演讲活动中，其内容大都与儿童期亲子关系的构建、学习能力的培养方法、备考学习等相关。在生活中，我还是一名父亲，有一个出生于2006年的男孩。

常年以来，看着处于育儿困惑中的家庭，我的感受是，随着时间的推移，家长的焦虑感也越来越强。

我经常在面谈中听到家长们这么说。

"我也努力尝试过,但没能做到!"

"这种程度还远远算不上'努力'吧"。

明明大家已经十分努力了,还是觉得"远远不够"。

以前,家长在获得一些育儿信息后会感到开心,因为他们觉得"得到了一个好方法"。现在的家长却会感到不安:"怎么办?我们家也必须这样做吗?"结果,家长**想把所有看似有利于教育的东西都强塞给孩子**。这样的父母真的是越来越多。

面对这样的状况,我一直致力于传播"守护式"育儿理念,并把此当作毕生事业。

简单地说,"守护式"育儿就是**认真观察孩子原有的姿态,认同并守护它,激发孩子原有的能力和潜能**。我曾在自己的《聪明孩子的父母在做的"守护式"育儿》(2019 年 / 小川大介)一书中提到过这个想法。本书相当于对这一理论的第二次阐述。

我在上一部作品中提到了"认同""守护""等待",即给"父母的 3 项原则",荣幸的是,它成了畅销书,受到了许多读者的喜爱。

从那以后,我收到了许多读者的来信,他们想更详细地了解在各种生活场景下，以及孩子成长过程中各种场景下的守护式养育法。所以在这本书中，我把它分为"3项原则"和"43个秘诀"，<u>向大家传授可实践、易应用的"守护式"育儿方法</u>。

社会变化过于剧烈，此前的经验渐渐不再通用，所以不论是父母、媒体还是教育行业相关人士，都不知道育儿的"正确答案"。父母该如何做呢？我认为<u>唯有孩子才能回答我们</u>。

培养"自学孩子"的3项原则

孩子原本就有自学能力。如果通过守护式养育法构建起自我坐标轴，则<u>无须父母进行各种准备、下达各种指示，孩子自己就能茁壮成长</u>。

在"守护式"育儿中，父母要优先培养孩子以下3种品质：

1. 获得"自信"
2. 学习"技巧"
3. 养成"习惯"

"自信"是指孩子拥有"真实的自己挺好"的**安全感**。有自信的孩子能够不断延伸自我坐标轴。

"技巧",是指学习方面的技巧。**学习方法极大地影响着学习成果**,所以要尽早教给孩子。

"习惯"是把学习当作'理所当然'的事情,**不刻意努力也能坚持学习**。

我会在第 1 章详细讲解这 3 项原则。

孩子在日常生活中就能学习到许多

有一点需要注意的是,此处说的"学习",**不单单指对语文、数学、英语等科目的学习**。所谓的学业上的"**学习**",只是本书所说的学习的一部分。

有不明白的地方会自己查阅资料、请教别人;会对自己的想法产生怀疑——"自己是这么认为的,不对吗?";会把想法告诉别人;会对其他人做的事情感兴趣、积极交流:"那是什么?"**这些全部是"学习"**。

所谓的"学业学习"在幼儿期只占 10% 左右。即便是处于"小升初"阶段的备考生,"学习"中的"学业学习"也顶多占50%。孩子从漫画、游戏、食物、综艺节目,甚至父母的争吵等<u>生活的方方面面都能学到许多知识</u>。

因为培养孩子而打开这本书的你一定没问题

为了培养"会自学的孩子",父母应该打造什么样的环境,如何与孩子相处呢?这是本书想要表达的内容。例如家长可以选择这样的相处方式,或者家长最好不要在这里过度干预,等等,我整理了43个"秘诀",把具体方法传授给大家。

每个"秘诀"独立成文,大家无须按照顺序阅读,也可以只选读想看的章节。

不过,在阅读正文之前,我有一个小要求:

我不希望你们在看过本书后,会因为"以前应该做而没做过的事"而责怪自己,自我反省……如果你注意到了,只需从可行部分开始改变即可,没必要一下子全部改变。

为了孩子着想而打开育儿书的你,一定没问题。

在阅读本书的过程中，我希望父母能多多发现"这么一看，我的育儿方式没什么问题""我家孩子保持这个样子就挺好的""可以拓展孩子的那个部分"，等等，哪怕只有一个也行。我希望父母在看完本书后能够充满自信，在家里多多展露笑颜。作为作者，这将是我的无上荣幸。

小川大介

目　录

序　言　孩子会告诉我们育儿的"正确答案"

第 1 章　培养自学孩子的 3 个原则　　001

原则 1　　获得"自信"　　003

原则 2　　学习"技巧"　　008

原则 3　　养成"习惯"　　013

专　栏　　"认真做"的"认真"是什么样的状态？　　017

第 2 章　守护孩子的玩乐自信　　019

秘诀 1　　观察孩子在玩乐中表现出来的特性　　021

秘诀 2　　"没常性"也可以看作"好奇心旺盛"　　024

秘诀 3	"兴趣面窄"也可以看作"喜欢深究"	030
秘诀 4	"没兴趣"也可以看作"有自己的世界"	033
秘诀 5	尊重孩子"出去玩的乐趣"	037
秘诀 6	让孩子以自己喜欢的方式看喜欢的书	040
秘诀 7	挑选玩具要尊重孩子的意愿	043
秘诀 8	了解孩子的学习类型,用玩乐加速他的成长	045
秘诀 9	把电脑游戏活用到计算机教育上	051
秘诀 10	父母要控制孩子玩电子游戏的时间	054
秘诀 11	把视频网站当作亲子对话的工具	059

第 3 章　在家里学习的技巧　063

秘诀 12	积攒"把他人的话听到最后"的经验,培养"倾听能力"	065
秘诀 13	培养"阅读能力"时,读给他人听会使效果更好	069
秘诀 14	在游戏和亲子对话中培养"记忆力"	074
秘诀 15	积累"我懂了,太好了"的经历,提高"调查能力"	080

秘诀 16	让孩子积极地看待失败	084
秘诀 17	亲子一起探讨笔记的用法	088
秘诀 18	晨学以简单的练习为主	092
秘诀 19	别担心,让孩子成为"××博士"吧	096
秘诀 20	让"为什么"变成口头禅	099
秘诀 21	令人放弃学习的话语	103

第 4 章　孩子在集体生活中的学习　　107

秘诀 22	从谈论朋友的聊天中得到成长的提示	109
秘诀 23	询问孩子"老师会在什么时候夸奖你"	112
秘诀 24	以帮助老师为目的去和老师面谈	116
秘诀 25	学会和"规则""同调压力"打交道	120
秘诀 26	练习"说出心中所想"	124
秘诀 27	理解孩子"想休息"的想法	129
秘诀 28	"没有 100 个朋友"也没关系	134
专　栏	让亲子间增添笑颜的"小步骤法则"	135

第 5 章　守护孩子的健康　　　　　　　　137

- 秘诀 29　父母要交流孩子在健康方面的价值观　　139
- 秘诀 30　决定好明天的起床时间后再睡觉　　142
- 秘诀 31　父母和孩子一起洗漱　　146
- 秘诀 32　要耐心对待孩子的挑食问题　　148
- 秘诀 33　父母迷茫时先考虑"孩子的心理健康"　　152
- 专　栏　住在大城市的父母需要知道的事情　　156

第 6 章　教孩子建立正确的人际关系　　　　　　　　159

- 秘诀 34　从家庭里学习寒暄　　161
- 秘诀 35　联想别人关怀自己的过程并说"谢谢"　　165
- 秘诀 36　通过阅读,培养孩子的人际关系素养　　168
- 秘诀 37　通过做家务让孩子有"家庭一员"的意识　　172
- 秘诀 38　与其禁止吵架,不如培养"和好的能力"　　175
- 专　栏　小升初考试和孩子的纠纷　　178

第 7 章　亲子间的相互认同　　　　　　　　　　181

秘诀 39　因为"对孩子有爱"才会产生愤怒和不安　　183

秘诀 40　妈妈容易唠叨的原因　　　　　　　　　　187

秘诀 41　知道"为什么"的正确用法　　　　　　　191

秘诀 42　有勇气对孩子认真道歉　　　　　　　　　194

秘诀 43　不是"教孩子",而是"和孩子一起成长"　196

结　语　　　　　　　　　　　　　　　　　　　　　199

第 1 章

培养自学孩子的 3 个原则

原则1　获得"自信"

　　　有自信，有主见，就能主动打造自己的人生

原则2　学习"技巧"

　　　孩子优秀的家庭，通过日常对话、玩乐就给孩子传授了学习的"技巧"

原则3　养成"习惯"

　　　增加各种"理所应当"的习惯，人生的幸福感会随之提高

原则 1　　获得"自信"

"有自信的孩子"是什么样的?

我认为的"自信",是处于<u>"做自己挺好"</u>的状态。

"自己挺好"是指**"信赖自己"**,相信"自己能做成各种事情""会学习成长"。

这不同于那些用"取得好结果""成绩好"等尺度来作为判断的事物,也不是"我这个样子就行了,别管我"的排外、自我封闭的心理,而是内心非常安稳、平和,对未来能够保持敞开、放松的心理状态。

有自信的孩子不会嫉妒其他孩子的成就,而是会和对方一同欣喜,称赞对方"你真棒啊",并且能坦率地表达

"我也能做到这些"。有自信的孩子不会否定别人的想法，会感兴趣地说道："原来你是这样想的，和我想的不一样。好有意思！"对任何事都能表现出积极的兴趣，所以非常善于学习。重要的是，他们每天都很快乐。

婴儿是自信的集结体

我稍微讲一下孩子获得自信的过程吧。

准确地说，它是"拥有天生的自信，到再次获得的过程"。

天生的100%的自信（婴儿~幼儿期）

对比他人和自己，自信开始动摇，意识向外扩展（3~9岁）

开始觉得"原来我是这样的"，重新培养自信（8岁左右）

刚出生的婴儿都是"以自我为中心"的。如果妈妈在自己旁边，就相信妈妈一定会抱自己；从来没有想过自己想喝奶的时候会喝不到。这些源于婴儿强大的自信。

稍微长大点儿，到3岁左右，情况就变了。孩子看着周围，感受到其他孩子和自己之间的不同，**开始意识到"自我"的存在与不同**。

意识到"自我"也代表意识到了"他人"，所以开始在意他人，在意别人如何看自己。婴儿时期的无条件的自信，认为"自己永远能得到别人照顾"的100%的自信开始被动摇。

这是意识投向自己外围的"第一阶段"，之后就是"自己这种时候感到快乐""自己喜欢这些事情""自己这样做，周围人会高兴"，渐渐地"发现自我"。

这个年龄段的孩子难以做到自我分析，所以会**通过周围的大人、朋友说的话语来理解自己**。对于3岁到9岁的孩子来说，特别是父母的话，对他们有着非常大的影响力。

然后进入到塑造"自我"的同时获得自信的阶段。

有必要"破坏"一次孩子的自信

大家需要"破坏"一次婴儿时期持有的100%的自信。

这不是坏事，是孩子成长路上必不可少的经历。

"全能感"是一个心理学术语，简单地说，就是相信"万物都会随着自己的心意来"，这是孩子们常有的状态。

不破坏一次这样的"全能感"，孩子很可能长大后还带有婴幼儿时期的盲目自信。令人感觉比较傲慢，又很容易受挫。

城市里这种孩子很常见。父母让孩子读私立小学，事先让孩子学习各种知识以免孩子上课丢脸，手把手地把孩子养大。这类孩子没有对比过自己和他人，自信心没有产生过动摇。

缺乏动摇自信的经历，就会认为家里的标准自然就是外面世界的标准。

在这种家庭环境下长大的孩子大都不会跟别人打招呼，蔑视学校的老师，做事不顺利时会立马失去干劲。<u>长大成人了还怀有婴儿时期的自信，这是非常危险的。</u>

父母的言语从何时开始对孩子有了巨大的影响

<u>在孩子 3 岁到 9 岁这个时期，父母对孩子影响很大。</u>

孩子会因为父母一句话、一个态度而动摇自信的基石。

假设父母和孩子在一起看综艺节目，内容非常搞笑。

孩子在觉得"非常开心""有趣"的时候，会看父母的表情。这是因为孩子内心有点不安，"现在好开心，我可以笑吗？"想要确认父母的反应。

如果最喜欢的爸爸妈妈也笑了，就会感到安心："啊，太好了，我们的心情是一样的！"

如果此时父母跟孩子说"刚才好有意思啊"，就能培养孩子"这样的我挺好"的心态，日积月累就能培养出孩子强大的自信。

自信，对于构建"自我坐标轴"，也就是基于经历、价值观构建自己的判断基准来说不可或缺。**有自信，就有主见，能主动打造自己的人生。**

原则 2 学习"技巧"

学习是一种技巧

假设孩子在散步的途中,看见草丛里有只虫子,可能会想:"啊,是螳螂!但颜色好像不一样,它有多个种类吗?"

然后孩子会上网查,或者看图鉴,以便查询它的名字和特点,一番调查后也许想在家里养一只。接着购置家养需要的器物,去买饲养箱,从庭院里取来土和草并放进箱子里。在喂食的过程中孩子也许会注意到螳螂"经常吃这个饲料""不太吃那个饲料"。

于是，在下一次看见同样的螳螂时，孩子就能讲解它的特点："这是大螳螂。它吃活虫，是肉食昆虫，不吃蔬菜，蜕皮后变大。"

调查、理解关注的事物，直到留下记忆，这一连串流程就是"学习"。

此处的要点是，学习是一种技巧。

拿这个例子来说，对螳螂感兴趣时该怎么办呢？靠近？看？触摸？；想知道更多该怎么办呢？看图鉴？问别人？上网查？；如何拥有一种难忘的体验呢？试着饲养？去博物馆？参加昆虫采集活动？

对某个事物感兴趣时，如果孩子能知道如何搞清楚它，就会变得善于学习。这就是"学习的技巧"。大人可以凭经验得知，但孩子并不知道，所以父母需要把这些技巧有意识地传授给孩子。

不限于在散步途中发现的花草鸟兽，这个技巧也能活用于学业上、学习中，掌握了学习技巧的孩子，在学校、辅导班也会迅速进步。

掌握了技巧的父母一代和难以掌握技巧的孩子一代

具体的学习技巧会在第 3 章详细讲述。把"学习的技巧"作为"培养自学孩子 3 原则"之一,是因为这几十年来育儿环境发生了很大的变化。

从好的层面来说,现在 40 岁以上的人小时候可是有着大把大把的可自由支配的时间。不像现在的孩子要上各种培训班、辅导班。

除了父母兄弟姐妹以外,他们还会和附近的叔叔阿姨、各年龄段的孩子们打交道,所以**通过日常生活就能学到很多生活小窍门**,例如,"孩子去肉店买肉的话,有时能有优惠,老板也会给得多","自行车爆胎时,给内胎涂抹肥皂水,在鼓胀的地方贴上胶带就能做应急处理",等等。

那时候的小学老师也没有现在这么忙,课堂进度也慢。有的家长也许还记得一二年级的时候,班主任还在纠正自己拿铅笔的姿势。

一个汉字也会教得很详细。例如,"'利'这个汉字。

用刀'刂'收割表示稻谷的'禾',就变成了'利益'的'利'",会从字的结构、意义进行详细说明,比现在的讲解内容要多得多。

比起照抄在笔记本上,从结构开始学,对"利"这个汉字的记忆会更加深刻。我现在还能回想起老师教我们"树被院墙围起来就成了'困'字"的场景。

孩子优秀的家庭都在传授学习的"技巧"

父母这一辈在以前的生活中,自然而然地积累了各种技巧,所以没有意识到"还需要在生活中教技巧"这回事,片面地认为长大了自然就会了。

现在的孩子们因为各种学习而变得非常忙碌。学校的老师也很忙,所以孩子面对大量"做这个和这个"的"菜单",**不知道"该如何学习",因为没有人教过**。

我绝不是说这是父母和老师的错,我想说的是大家没有意识到"学习技巧是需要由别人来教的"。

"错题要改正""今天要温习昨天学过的知识,并记住",许多人都认为这种事"不用别人说自然就知道",但实际上，这一个个经验教训都是从别人身上学来的。

所以我希望，处于现在这个时代，父母要在家里有意识地传授孩子学习的技巧。

实际上，**"孩子优秀"的家庭，通过日常对话、玩乐就给孩子传授了学习的技巧**。有的家庭已经理所当然地在做，只是父母没有意识到这一点罢了。

看到这里，您也不必担心"之前都没有教过孩子学习技巧"。

我会在后面的章节中具体讲述，请您根据孩子的成长阶段，适时地教给孩子。如此一来，孩子就能掌握学习方法并爱上学习。

原则 3　　养成"习惯"

把学习当作理所当然的事

习惯是指"顺其自然提高正常水平的行为"。

更简单地说,习惯就是不需要努力、不用刻意加油,不用别人说,自己也会主动去做的行为。

早上起床洗脸,睡前刷牙,这些都是理所当然的事情,所以每天都会做。每天都做就变成了习惯。重要的是,在学习上也以"学习是理所当然的"为目标。

需要注意的是,"理所当然"并不是"因为快乐才做"。需要"快乐"的话,总有一天会厌烦。可能昨天乐意去做的事情到了今天就不愿意做了。

学东西的时候，不一定每次都会有令人兴奋的发现。如果因为"不快乐，所以放弃了""不刺激，所以不做了"，就难办了。

习惯不需要兴奋、努力、忍耐，是持之以恒地做着理所当然的事情。

养成学习习惯，孩子自己就能成长拓展。

- 了解新事物
- 牢记知道的知识
- 看东西，写东西

让这些都成为孩子生活中的"理所当然"吧。

<u>理所当然的事情增加了，相应地，孩子也能更好地成长。</u>

产生干劲的机制

"把学习变成习惯"听起来有些夸张，但其实在家庭中培养起来很简单。

例如，当孩子歪头思考"这是什么"的时候，家长可以回答"要不一起看看图鉴吧"，这样就可以了。

孩子对于不知道的事情基本上就不予理会。为了让孩子把"遇见不知道的东西就要调查"当作"理所当然",家长可以在教过调查方法后督促孩子调查,或者和孩子一起调查,<u>重要的是让孩子积攒"调查后明白了"的经历</u>。

如此一来,"有不懂的地方" ➡ "调查一下就行了"的回路渐渐地就会开始运转。坚持下去就能养成学习的习惯。

所以,想让孩子产生干劲的话,从一开始家长就给予孩子帮助吧,可以对孩子说"一起试试看吧"。

此处用到了"干劲"这个词,但关于"干劲",很多父母都存在误解。

你是不是也认为先有干劲后有行动?其实,孩子的真实情况是"试着做过后,发现能做到,下一次想接着做"。**<u>所以并不是"有干劲才做",而是"试着做过后,发现自己能做到,然后产生了干劲"。</u>**

"表扬理所当然"是养成习惯的关键

大人往往认为"这是理所当然的事情,不用夸赞",

这种观点是错误的。"因为理所当然,所以更要表扬",请把这句话也变成习惯吧。

为什么要"表扬理所当然"呢?孩子得到表扬自然开心,但更重要的原因是<u>这会让孩子感到安心,认为"爸爸妈妈在认真地看着自己",确定"自己能做好"</u>。

正如之前讲过的一样,"因为能做到,所以产生干劲"。得到"做得很好"的表扬,才会产生干劲——"那明天也试着做做看吧"。

很多时候孩子难得养成了好习惯,却因为家长忘记表扬而消失了。

对于"不知不觉孩子就不再做了"的事例,一问父母就会发现,比起孩子自己放弃,大多数情况都是父母"停止了表扬"。比起孩子,是父母的习惯出现了问题。

除了学习,"习惯"也与睡觉时间、洗手等生活规律,以及问候、措辞等沟通、修养礼仪等息息相关。<u>**增加各种"理所当然"的习惯,人生的幸福感会随之提高。**</u>

孩子养成好习惯后,父母也无须处处啰唆了,可以从容地守护好孩子。

我经常说，"育儿是 2 胜 8 败"。

父母 10 次里面哪怕只有 2 次认真地观察过孩子、适时地进行交流，就算非常成功了。

第 2 章之后的章节会以这 3 个原则为基础，介绍具体的交流方法和相处方式，家长可以现学现用到日常生活中。

｜专栏｜"认真做"的"认真"是什么样的状态？

父母在育儿过程中，会情不自禁地说出"认真做"。

实际上，大人在说出这句话时，很多时候自己也不明白"认真"具体是指什么。内心虽有"进展顺利"的想象，但具体应该如何做？做什么？家长也无法立即用语言表达出来。

非要说的话，也许是"说不了那么细致，就是你得做到让我满意"。这很难说出口吧？对孩子来说，这太难了，他们不知道该如何是好。

所以，当家长想说"认真做"的时候，请替换成具体的指令吧。

→ "虽然有点辛苦,但你背部要挺直,再稍微坚持一下。"
→ "东西用完后要放回原位。"
→ "不要东张西望,要看着说话的人。"

"认……"就要脱口而出时,快刹车"啊,等一下",把话咽下去。养成思考"主语加谓语"的习惯,具体指示出做什么,怎么做。这样不仅能流畅地与孩子沟通,焦虑感也会大幅度减少。

第 2 章

守护孩子的玩乐自信

- 自信
- 学习的技巧
- 习惯

秘诀 1　观察孩子在玩乐中表现出来的特性

秘诀 2　"没常性"也可以看作"好奇心旺盛"

秘诀 3　"兴趣面窄"也可以看作"喜欢深究"

秘诀 4　"没兴趣"也可以看作"有自己的世界"

秘诀 5　尊重孩子"出去玩的乐趣"

秘诀 6　让孩子以自己喜欢的方式看喜欢的书

秘诀 7　挑选玩具要尊重孩子的意愿

秘诀 8　了解孩子的学习类型,用玩乐加速他的成长

秘诀 9　把电脑游戏活用到计算机教育上

秘诀 10　父母要控制孩子玩电子游戏的时间

秘诀 11　把视频网站当作亲子对话的工具

秘诀 1　观察孩子在玩乐中表现出来的特性

玩乐中的孩子表现出来的是最自然的状态。所以,透过孩子玩乐时的举动可以观察到他们的许多特点。具体如下:

- 孩子擅长哪些方面?
- 孩子内心是否活跃?
- 孩子对信息的捕捉方式。

拓展孩子强项的秘诀是能够灵活利用孩子拥有的特性,而<u>发现特性的最佳时机正是孩子玩乐的时候。</u>

即便家长问孩子"你喜欢什么?""你想做什么?"也很少有孩子能明确回答:"这个好!""想做这个!"

即便孩子不能用语言表达,但当他们沉迷于游戏时,会自然地展现自己的特性。他们会在玩乐过程中发挥原有的才能。

并不是非得大人做点什么孩子才能长大,他们拥有自我成长的能力。即便对他们放任不管,他们自己也会成长。**给孩子充足的玩乐时间,他们自我成长的能力会不断得到发挥。**

有的家长认为"玩乐"和"学习"是对立的,"学习"比"玩乐"更重要,那是错误的观点。玩乐可以使孩子的自我成长之路更加顺畅。我认为,正因为玩乐,孩子才能更好地学习。

玩乐和学习哪个优先?绝对是"玩乐"。

学习让孩子获得知识和技术,但**玩乐保护的是孩子的生命力。**

并不只是大人眼里的"玩乐"才是玩乐

现在有不少孩子从一二年级开始就上辅导班,有的家长会担心"让孩子上辅导班反而对他不好"。关于这一点,我想说,如果上辅导班对孩子来说是一种玩乐,那就没有问题。

大人往往觉得孩子做计算题就是在"学习",画卡通画就是在"玩乐",其实并非如此。如果孩子本人享受做计算题的话,那也是一种"玩耍"。

为了辨别孩子是否乐在其中,平日里就注意观察孩子玩乐时的姿态吧。"高兴的时候,好像说话少""注意力集中时会摇晃身体"。把握好这些特点,就能知道孩子在解答计算题的时候是否快乐了。

首先让孩子有大量充足的时间玩耍,然后认真观察孩子玩乐时的状态,发现孩子的特性。

秘诀 2 "没常性"也可以看作"好奇心旺盛"

缺点是"优点的反面"。

许多家长即便知道这一点,还是一不小心就对孩子投射了严厉的目光。

那么,在意孩子的缺点(看似缺点的地方)时,该如何守护他的优点呢?

首先,**请停止用自己的想法去衡量孩子**。

只看到孩子缺点的话,父母会变得焦躁,这是因为家长不知道如何观察孩子,所以把自己的做法、价值观强加给孩子,结果反倒使自己变得焦躁起来。

那么该如何做呢?答案就是**事先了解孩子的情况**。

孩子有各种各样的特性,可以把此当作一种知识。只要懂得这一点,就更容易理解孩子的缺点(看似缺点的地方)。如此一来,就能找到拓展孩子长处的守护方法。

我经常听到父母说:"我家孩子没常性""不沉稳",本节标题也有这些字眼。

"没常性的孩子"有多种类型,主要分为以下几种情况:

- 视觉敏锐型
- 触觉敏锐型
- 听觉敏锐型

接下来我会稍微详细地讲一下各自的特点,以及父母可以使用的守护方法。

视觉敏锐的孩子:观察力强

"能看见"即能注意到各种事物的孩子,他们的注意力会分散到四周。他们在意看见的东西,所以缺乏聚精会神停留在一处深思、体会的经历。

也就是说,他们难以培养出仔细体会的感觉。

【父母能做到的守护方法】

这种类型的孩子更关注周围，会对各种事物产生好奇心，可以说是爱好广泛、视野广阔的孩子。正因为能注意到，所以能产生学习契机，这是很优秀的潜能。

另一方面，父母也要培养孩子细细体会事物的能力。减少不恰当事物所带来的视觉信息的刺激，为他提供安稳平静的生活环境，让孩子拥有闲适放松的时间。

例如：

① 整理多余的东西，减少视觉刺激。

② 把玩乐、学习的项目减少到 1~2 个。

③ 慢慢吃饭。

大家或许会对"慢慢吃饭"这条建议感到意外，但这对"体会"，即用身体感受事物非常有效。悠闲自得地享受美食，充分咀嚼，细细品尝食物的味道，这也可以培养体会事物的耐心。

触觉敏锐的孩子：充满能量

这类孩子往往会被父母说成"一点也静不下来"，是善于活动的孩子。他们更易充满能量,所以一到外面就来回跑,在家也不安分。对于触觉敏锐的孩子,我<u>推荐一边运动一边学习的方式</u>。

【父母能做到的守护方法】

这类孩子不愿意老在家里待着,所以可以让他们学习游泳、足球等项目,充分开发身体的运动技能,或者玩运动型游戏,<u>让他们充分消耗能量</u>。也可以让他们在来往行人比较少的地方散步、奔跑。

例如:

① 拥抱、摩挲背部,使其情绪稳定。

② 不要只限于口头说明,让他们去做、去实践。

③ 让孩子通过盯着别人嘴巴听别人讲话练习专注力。

活用灵敏的感受力,让孩子有意识地去观察、去倾听,这样孩子的能力就能被充分发掘并使用。

听觉敏锐的孩子:活用听觉

这类孩子听觉敏锐,对声音十分敏感,所以谁稍微说一点话就会引起这类孩子的注意,进而让他看向那里。音感准的孩子有的会在音乐上发挥才能。但他们容易东张西望,所以经常被提醒:"喂,注意力要集中!""不要看旁边!"

【家长能做到的守护方法】

耳朵敏感,所以注意力难以集中,请家长了解这种情况。

在被诊断为"听觉过于灵敏"的人中,有的人听周围声音就像听大喇叭一样,甚至日常生活都过得十分艰难。虽然没到煎熬的那种程度,但对于听觉敏锐的孩子来说,他们会对周围各种声音做出敏感的反应。

家长能做的事情有很多。

例如:

① 提供安静的环境,让孩子集中注意力做作业,也可以让孩子戴上耳机。

② 活用孩子对入耳信息敏感这一特性,多读书给孩子听。

③ 可以玩翻牌游戏等用眼睛观察记忆的游戏。

除了充分发挥孩子听觉强项的游戏,**也可以玩一玩依靠听觉以外的感觉通道进行判断的游戏。**

让孩子接触各种游戏，除了擅长的感觉之外，也容易用上其他感觉。

家长只需做这些即可，孩子慢慢地会对各种事情产生好奇心，能够充分投入到喜欢的事情当中。

"守护式"育儿父母需要提前知道的事

在父母眼中"没常性"的孩子，其实是拥有敏锐的视觉、触觉和听觉，家长可以根据这些特点拓展孩子的强项。

秘诀 3 "兴趣面窄"也可以看作"喜欢深究"

孩子"只看喜欢的书""只玩固定的玩具""非常喜欢恐龙，但对朋友完全不了解，也不关心"，我经常收到父母这些咨询。

从结论来说，"**完全不用担心**"。

- **兴趣的失衡并不代表成长会偏颇。**
- **有先广而浅，后深究的道路；也有先窄而深，后扩展的道路。**

记住这两点就能从容地守护孩子。

"孩子只做感兴趣的事情"也可以说是"**能深究一件事情**"，这是一种非常宝贵的能力。

有的家长担心孩子只玩特定的游戏，其他能力得不到拓展。重要的**不是"为什么玩",而是"用什么样的玩法玩"**。

例如,有家长跟我说"我家孩子只玩积木"时,我一定会问"孩子用积木玩什么样的游戏"。因为积木有多种玩法:

可以数积木的数量;可以摆在平面上塑造形状;可以堆积出曾看过的东西;也可以享受"组装,拆开"的玩法;还能堆积出想象中的事物,玩过家家。

一个玩具实际上有多种玩法。

所以,家长应该看到**"孩子用什么样的游戏方式在玩""什么时候玩得快乐"**。如果单纯地看到"只玩积木"的话,理解孩子的入口就会变得狭隘。

如果家长希望孩子对别的事情也多一些关注,可以在重视孩子探究心的同时跟孩子交流:"偶尔看看别的事情也很有趣""对虫子做更多地了解,成为昆虫博士!(先认同孩子的兴趣所在)而且,还有很多同样有趣的事情呢,我们一起去探索怎么样?"和孩子一起探索他不关心的其他有趣的事情。

即便孩子当时没有表示出兴趣也没关系。家长可以从其他途径入手。切记不要焦躁地让孩子又做这个,又做那个。

兴趣失衡但成长不偏

虽说孩子只对特定的领域感兴趣,但这不代表他的成长就会偏颇,交流就狭隘,这一点请家长放心。

能对一件事情表示出深度关注和好奇的孩子,一定能理解其他人也有其独特的兴趣。

"我非常喜欢恐龙,对它们很了解。但对交通工具不太感兴趣。不过,朋友××非常喜欢交通工具,懂得很多。"

孩子会提到朋友和自己的兴趣完全不同,说明孩子能清楚地认识到身边的人和事。这正是因为孩子知道"并不是所有人都喜欢恐龙"。

"你喜欢恐龙""原来你喜欢这个",**自己的兴趣被别人认同,自己也能认同别人喜欢的东西**。请记住,"相互认同"是兴趣多样性的基石。

秘诀 4 "没兴趣"也可以看作"有自己的世界"

经常有家长向我咨询:"给孩子看什么都得不到回应,怎么办?"

特意给孩子买的绘本,他没兴趣看;特意在休息日带孩子去参加活动,他提不起兴趣,家长也会觉得失落。我作为一名爸爸,非常懂得那种心情!

不过,我希望大家注意两点。

第一是"有没有接连不断地给予孩子一类东西,而他们根本没时间体会呢?"

孩子"把体验化为己有"需要时间。在孩子发呆的时候,可以让孩子思考"那个故事里出现的小猪,好像爸爸""钢琴和风琴,形状相似,但声音不同",让孩子把从体验中吸收的知识和经验内化成自己的东西。

所以，如果接连不断地给予孩子刺激，却不给他们思考、反应的时间，那孩子就不可能一个个地去体会，回应也会变弱。

第二是"<u>孩子是否已经有了自己的兴趣，注意力是否都放在那里了？</u>"

这种情况是孩子明明有自己的兴趣，只是父母没有注意到而已。不要老认为"必须给孩子提供这个、提供那个"，用"或许孩子有自己的想法"的视角去观察孩子吧。

了解孩子"不是""不知道"背后的含义

孩子没什么反应，所以即便家长问孩子"是不是感到无聊"，他们也会回答"没有"。

嘴上说着"不无聊"但又不是特别享受，看着孩子面无表情，家长会担心："这孩子心里在想什么呢？"

家长需要知道，<u>当孩子以他们的方式去理解、吸收事物时，大脑和内心都会活跃起来，有时就会出现这样的反应</u>。

时机不对，问孩子也得不出什么答案，但当孩子本人内心有一定理解后，有时会突然说出来，"那个时候……"。

知道这些，家长就不会不安，不会非要从孩子那儿得出个结果，也不会看到孩子没反应就陷入更焦躁的恶性循环。

问孩子"今天做什么了？""在学校怎么样？"的时候，有的孩子会回答<u>"没什么""不知道"，这个其实也一样</u>。

父母往往只看到孩子回应得很敷衍，就片面断定"我家孩子什么话都不想跟我们说"。但是大多数情况下，并不是孩子不想说，只是"说的时机没有到来"。

这时候就用"好的"来结束话题吧。给孩子留出时间，他们会说的。

需要注意的是，**不要把孩子的"不知道"随意解读为"拒绝回答身为父母的我们"**。

如果家长按照字面意思理解孩子的话，那么在之后孩子难得想说的时候，很可能会责怪孩子"你之前不是说'没什么嘛'"，最后反而是父母拒绝了孩子。

也有的孩子不擅于语言表达。当孩子不擅长用语言表达自己的想法时,家长可以和孩子面朝同一方向,坐在孩子身边。这样孩子会感到安心,认为"得到了理解",整理好想法后也许会突然说出来。

秘诀 5 尊重孩子"出去玩的乐趣"

孩子会根据自己的个性发挥能力，茁壮成长。

不过，周围的大人有可能一个不注意，无意之中掐掉了孩子个性发展的萌芽。因为这些大人不知道观察孩子有哪些优点，只注意到孩子"战胜了别人""得分了"等容易看见的部分。

在"出去玩"这件事上，家长往往也只看"容易看见的外在部分"。"有主见""经常来回跑"，这种个性的孩子比较引人注目。大人看见这样的孩子会感到放心，"孩子很有活力"。

而远远看着大家玩的孩子，或者原本就不想出去玩的孩子，则容易被视为"令人担忧"的孩子。

孩子对出去玩不积极需要担心吗？

有的父母看着孩子"不积极交朋友""不主动加入，就在一旁远远看着其他朋友一块玩"，会担心孩子不合群。**如果孩子只是远远看着也很快乐享受的话，就无须担心。**因为在心理上他充分参与到了其中。

这类孩子善于一个人玩，能打造自己的世界。所以，即便没有和大家一起兴奋地玩，也不会不高兴。多数情况下，这类孩子想象力丰富，共情能力非常高。

而且，也有"不喜欢出去玩、不喜欢运动的孩子"。大人往往认为"孩子必须活动身体"，但这种不喜欢运动的特点也是一种个性。这种类型的孩子倾向于利用所见所闻来活跃头脑。

从结论来看，每一种类型的孩子都没问题。

反而要注意的是，大人会为了寻求安心而过多地劝孩子"和其他小朋友一起玩怎么样""老一个人待着不无聊嘛"。这相当于否定了孩子珍视的"自己的世界"，可能就掐掉了孩子难得的个性嫩芽。

家长最好从容地守护**"这孩子有自己的享乐方式"**。

不过，**孩子喜欢的玩乐方式和强壮体力是两码事**，所以稍微注意一下。

和大家只聚在公园的一角玩游戏，或者一直盯着地面上的虫子动也不动，这类孩子看似"在外面玩，但其实没有充分活动身体"。适度地活动身体、沐浴阳光补充维生素D并强筋健骨对处于成长期的孩子来说非常重要。

如果家长感到孩子缺乏那样的机会，可以和孩子一起：

- 出去散步。
- 在附近慢跑。
- 早晨做体操。

亲子间可以一起运动，或者参加运动类培训，有意识地创造活动身体的机会。

秘诀 6　让孩子以自己喜欢的方式看喜欢的书

"看书神话"的形容或许有些夸张,但我感觉大人们对孩子看书过于期待了。

我们往往认为孩子就是要"认真看书"。在大人看来,"只看绘本的图画部分"就是"没有认真地看书"。

但有的孩子只喜欢看画,有的孩子会嘀嘀咕咕地嘟囔出从故事里得到的联想,这些孩子用自己独特的方式进入了书的世界。虽然他们没有表现出大人眼中的"认真",**但他们在书中得到了其他的快乐,所以家长不必苛求。**

重要的不是"如何让孩子看书",而是守护孩子会遇见什么样的书,观察孩子的趣味所在。

必须看各种书吗?

家长最好摒弃"必须让孩子从小就接触各种领域"的偏见。总有一天,孩子的兴趣会以某种形式向外扩展。

如果父母有想让孩子看的书,可以在把书递给孩子的时候对孩子说出原因——"这个是妈妈喜欢的书"。

如果孩子还是不看,那么家长就放宽心,说明孩子还不到看这类书的时候。知识并不是必须从书本里获得。父母需要思考为什么想让孩子看这本书,是否**可以用书本以外的方法让孩子接触到那个世界**。

我也曾把自己小时候喜欢的书推荐给儿子,"这个很有意思",即便我跟他说了我的读书感想,但他并不是都会去看,有时会说"是吗",然后翻看翻看,但有时不看。不看也无所谓。

有的孩子本身就不爱看书。从书本里的确能学到很多东西,但孩子说"书没意思"时,最好不要勉强。

例如,有的孩子看多了字就头晕不舒服。对于这样的孩子,就不要固执于让他看书,**试着改变路径**,"从体验中学习"。可以让他和家人聊天,或者看电影、动画片,还有短视频。刚才也讲过，无须勉强孩子从书本里得到知识。

重要的是"孩子在成长"，而不是以是否"看书"为优先。站在这个视角反思的话，就能处理好孩子与看书的关系了。

不看书的孩子阅读理解能力就差吗？

有父母会担心"不看书，理解能力就会差，不利于考试"。

看书的确有助于提升理解能力。阅读量丰富的孩子在考试中的优势是拥有更多的词汇量。了解故事情节也能对成绩有一定的作用。

但是，**"不看书就缺乏理解能力"的说法毫无逻辑可言**。不看书，可以思考用别的方法来掌握必要的词汇和文章的内涵。

请家长尽量避免让"看书重要"的偏见占据大脑，耐心地等待"孩子以自己的方式与书相遇"吧。

秘诀 7　挑选玩具要尊重孩子的意愿

首先，**不一定昂贵的玩具才是好玩具**。

特别是宣称使用后孩子都会变聪明的益智玩具，在挑选时需要格外注意。

我认为挑选玩具有以下 3 个要点：

1. 玩法是否过于复杂？
2. 玩法有扩展性（发展性）吗？
3. 孩子在接触这些玩具时，身心是否感到舒适？

有的益智玩具会以复杂功能为卖点，但它们的玩法很多都固定单一，不符合 1 和 2 的特点。**规则和玩法单一会妨碍孩子自由发挥想象力和拓展玩法。**

我们在前文中也提到过，积木有多种玩法，可以组装、排列，可以激发拼合、拆开的感触觉等。像这种玩法有很大自由度的玩具才是理想的玩具。

关于 3，家长要"以孩子自身的舒适感为基准进行挑选"。大人一看到材质高档、进口的昂贵玩具，往往觉得"贵的、进口的就是好玩具"，但孩子有可能怎么也玩不习惯，最后束之高阁。

比起昂贵的玩具，请优先尊重孩子的"玩心"。

有条件的话，可以让孩子先试玩。最理想的顺序是**"孩子试玩后很开心，也想在家玩就购买"**。

秘诀 8 了解孩子的学习类型，用玩乐加速他的成长

我们在前面曾多次提及，**当孩子沉迷于玩乐的时候，会展现出真实的特性**。

玩乐时有着大量了解孩子的线索，例如孩子的兴趣所在，孩子的心之所向。

而且，通过观察孩子喜欢什么样的游戏，用什么样的玩法，也能够进一步了解孩子的才能。

孩子们的个性不一，"学习类型"可以细化分为"视觉型""听觉型""身体感觉型"等。不同的学习类型会发挥不同的优势，也关系到不同的拓展方式。

我想把学习类型的观察方法告诉更多的父母。我参与开发了"通过观察孩子的玩乐诊断才能"的益智玩具

系列。

此处以益智玩具"国际象棋（王车易位）""假名方块"为例，具体介绍学习类型的观察方法。

"国际象棋（王车易位）"是认识空间的游戏，会用到木制积木、骰子、卡片。规则是掷骰子，改变积木城堡形状。各自的卡片里都画着一种城堡剪影，城堡的形状和拥有的剪影一致的话，卡片就算完成。最先完成所有卡片的人获胜。

那么，孩子会如何玩这个玩具呢？观察后会发现，这个玩具精彩地展现出了孩子的个性。

例如，有的孩子会执着于完成特定的卡片，可以看出这个孩子是完美主义者，重视自己认可的事物，有高度的集中力等特性。他们对"听觉信息"很敏感，容易对语言有所反应。可以建议孩子转换视角，从而进一步激发出孩子的才能，比如"可以改变卡片的方向"。

打算尝试各种卡片的孩子，思维灵活，会勇于尝试，对"视觉信息"敏感。对于这类孩子，家长可以引导孩子"再稍微思考一下"，促进孩子思考能力和记忆力齐头并进。

"假名方块"是组词游戏，每个孩子将随机分配到6

个写有假名的骰子，按照规定好的"动物""3字词"等要求，以纵横填字字谜的要领进行组词。限时3分钟内得分高者胜利。

例如，有的孩子会把"不存在的词"说得好像真的存在一样，这类孩子节奏感强，善于把控场上的氛围，善于捕捉"身体感觉信息"，喜欢模仿类游戏。在教这类孩子语言时，可以使用手势、肢体动作，让孩子明白语言场景，这样更容易让他们记忆。

想不到字词时会向周围人寻求帮助的孩子有着强烈的好奇心，求知欲旺盛。对"听觉信息"敏感。可以询问孩子"发现了哪些字词"。推荐亲子一起查阅意思相近的字词，进一步扩展知识。

这样的观察方法对任何游戏都有效果。以下是孩子玩乐时的一些表现，供大家参考：

1. 在听游戏的讲解时

用手里的积木、骰子等玩起来的孩子：

这类孩子喜欢动手实操，只听语言讲解，有点听不懂。首先让孩子体验一下，再接受讲解，这样有利于加深理解。

认真听讲解的孩子：

这类孩子善于语言学习，喜欢仔细思考，理解后再进行下一步的学习方式。可以让孩子讲解"如何玩"，加深他们的记忆。

一边看，一边触摸积木、骰子，一边听的孩子：

这类孩子喜欢思考眼前所见，也善于想象未知的画面。家长在讲解时，可以指着积木或骰子，让孩子多"看"会加深他们的理解。

2. 轮到自己时

默默思考的孩子：

这类孩子属于完美主义者，善于发挥想象，短期记忆能力强，逻辑思维也容易拓展。请父母耐心等到他本人有所理解吧。"你学到什么了"，偶尔地提问可以刺激孩子思考。

寻求帮助的孩子：

这类孩子一般很谨慎，想要无差错地行动。共情能力强，能够顾虑周围的孩子。有安心感的话就容易发挥积极性，所以推荐家长和孩子一起分享"做到了""完成了"的喜悦，培养他们的自信。

想要立即做完的孩子：

这类孩子喜欢活动身体，会一边动手一边思考。性格积极，也有行动力。比起让他完美地完成一件事，不如先让他试着做，给予孩子充分思考的时间，这样能促进孩子进一步成长。

3. 轮到其他人时

默默看着的孩子：

这类孩子对语言、声音敏感，富有逻辑思考能力，注意力能够持续集中。家长可以给孩子创造思考契机："如果是你的话，你会怎么做？"通过启发孩子思考其他方法来培养他思维的灵活性。

做其他事的孩子：

这类孩子好奇心旺盛，性格积极，喜欢活动身体。家长可以让孩子思考"对方接下来会怎么做"，形成构思练习。

想看其他人卡片的孩子：

这类孩子竞争心强，有积极性，对"视觉信息"敏感。思维运转迅速，所以有时说话比较跳跃。家长可以让孩子深呼吸，练习静心站立，这样能够提升孩子的深思能力。

4. 有人先完成时

执着于高分的孩子：

这类孩子喜欢竞争，在意他人如何评价自己。在擅长的领域容易有所发展。推荐家长帮助孩子回顾反思。这样孩子就不会只在意结果，也能有意识地注重思考过程。

说出"再玩一局"的孩子：

这类孩子勇于尝试。完成欲望高，也有竞争心。愿意付出努力，会自然而然地思考问题。家长可以经常夸奖孩子，引导他们享受思考。

像这样有意识地"观察"，对父母来说非常有帮助。<u>如此一来，所有人都能自然地做到"守护"孩子的特性。</u>

秘诀 9 把电脑游戏活用到计算机教育上

关于电子游戏（以下统称"游戏"），家长需要通过 2 个维度去思考。

一个是**"通向未来大门"的维度**，另一个是**"孩子健康"的维度**。此处首先讲一下"把游戏视为通向未来大门的钥匙"的观点。

现在的孩子们处于数字时代，生下来就有智能手机、网络。社会信息技术化、人工智能化都在飞速发展。现如今如果没有计算机科学，社会系统就无法正常运转。

在这样的浪潮中，我们不能再以过往的"游戏＝玩、消磨时间、浪费时间"的视角去理解电子游戏。

现在的时代，**玩电子游戏也许会成为孩子们接触计算

<u>机科学、信息技术的契机</u>。

例如，通过游戏充分了解编程的孩子认为"这个墙壁很碍事"时，就能够想到"如果重写一套程序就能越过去"。

玩游戏也有助于理解元宇宙（metaverse，网络上的虚拟世界）的概念。元宇宙描绘了一个庞大的虚拟现实世界，网络上有自己的分身，人可以在那里生活、工作、赚钱，那里的钱也能用于真实生活……

例如玩家在游戏中交流的人气游戏软件"集合啦！动物之森"，可以说已经初具元宇宙的雏形。

虚拟和现实之间的壁垒渐渐消失，家长们应以发展变化的眼光去了解游戏。

一起和孩子玩电子游戏吧

如果你想让孩子精通电脑，就不要不分青红皂白地排斥游戏，积极、正面地活用游戏的力量吧。

如果孩子喜欢打游戏，<u>**父母就和孩子一起玩**</u>。现在的游戏制作水平真的很高，实际体验一下游戏的趣味在哪里吧。

如果家长不买游戏机，对游戏持有否定意见，也可以简单地了解一下相关的信息，看一看有哪些事情引起了大家的关注。推荐家长去看游戏创造者和活跃在信息技术领域的人士的报道。

同样是"不让我家孩子玩游戏"，但在不了解的情况下"不让玩"，和在了解的基础上"不让玩"，两者之间有很大的不同。

以我家为例，我儿子上初中，对游戏不太感兴趣，所以作为父母的我会多留心，有意识地给他传递信息技术领域的知识。

孩子对游戏没兴趣的话，就无法想象其他孩子对游戏的热情，所以偶尔告诉他们"喜欢不喜欢暂且不说，可以把它们当作知识去了解一下"。

为了以防万一，我先解释一下，"通过游戏学习"并不等于"只有通过游戏才能学到"，所以完全没必要强迫孩子玩游戏。

未来时代需要的是拓展"强项"，无须事事都会，不足之处可以用其他方法弥补。不只是打游戏，出去玩、看书也一样。

秘诀 10　父母要控制孩子玩电子游戏的时间

前一节我们讲到了电子游戏的正面影响,但从"孩子健康"方面来说,玩游戏成瘾的确令人感到担忧。

幼儿、一二年级的孩子没有自控能力,守护他们的健康是父母义不容辞的责任。

如果幼儿、一二年级的孩子一天玩一两个小时的游戏,那对眼睛的刺激就过于强烈了,繁杂的信息对大脑的负担也大,自然对他们的身体也不好。

现在的电脑、手机,分辨率相当高。光量多,相应地刺激也变强了。看以前的显像管电视 30 分钟,和看现在的手机屏幕 30 分钟,影响完全不同。特别是手机和平板电脑需要俯视屏幕,姿势也容易不正,给孩子身体带来很大负担。

所以家长要给孩子分配好观看时间和休息时间。根据孩子的年龄来控制时间。

我建议的游戏时间如下所示：

- 3~4岁：15分钟。

- 5~7岁（大龄儿童、小学一年级）：20分钟。

- 8~9岁（小学二、三年级）：30分钟。

- 9岁以上：30~60分钟。

这只是一个大概的标准，如果你家超过这个时限已经处于常态的话，就要稍微和孩子交流一下。

对于电子游戏、电视、手机等各种有"屏幕"的产品，如果家长困惑"允许孩子看多长时间"，我推荐家长去看NHK教育频道，里面的节目都是针对相应年龄段的孩子而播放的。对孩子刺激、注意力方面都有充分的考虑，一集的时长也能当作孩子看屏幕时长的参考。

对于到时间也不想停下电子游戏的孩子，该如何做

即便事先约定好了时间，但很多时候孩子还是会说

"再玩 5 分钟",不打算停下来。

看视频网站也一样,为了防止孩子过度刷视频,家长可以事先定好时间和次数,"玩 20 分钟后就关掉"。

到时间后,不要只是远远地喊一声,而是要来到孩子身边对他说,"马上就到时间了",<u>要点是靠近孩子并与他交流</u>。

如果孩子不听,要"再玩一会儿",家长要看着孩子的眼睛,安稳孩子的情绪,告诉他"休息一局""明天再玩"。

刚玩完游戏,孩子的大脑和身体还处于兴奋状态,所以只用语言交流的话,孩子全然听不进去。孩子只会感觉到父母在批评自己,反而情绪更加激动,甚至反驳父母。所以,父母要来到孩子身旁,看着孩子的眼睛,偶尔抱一抱孩子,<u>必须"拼命"阻止孩子</u>。

屏幕对脑的刺激极其强大,所以一两次也许不奏效。实际上,会顺从听话的孩子只有少数,所以父母需要有耐心。

请记住一个与孩子相处的法则:

"笑脸→体温→语言"的法则。

想传达给孩子信息时，父母首先要**通过微笑来让孩子安心**。然后抚摸孩子背部，或者拥抱，做一些肢体接触，**通过体温使孩子获得触感上的安心**。

到这一步，**父母的话才能传达到孩子的心里**。

想要孩子把话听进去，就记住"笑脸→体温→语言"的法则吧。

在"父母闲暇时"玩电子游戏、看视频

从这个意义上说，我建议父母让孩子玩电子游戏、看视频的时机可以选择能从容地和孩子相处的时候。

我想许多父母是在忙不过来或者希望孩子安静的时候，才会让孩子打游戏、看视频。

但是考虑到孩子的健康，**父母尽量不要在自己没有富余的时候让孩子看视频**。为了孩子的健康，我希望家长尽自己最大的努力去陪伴孩子。

笑脸→体温→语言
法则

希望孩子停下手中的电子游戏和视频,或者需要和孩子沟通一些事情时,请微笑着,通过肢体接触使孩子感到安心。

秘诀 11 把视频网站当作亲子对话的工具

现在孩子们看视频网站似乎是一件理所当然的事情。

我希望父母们能够了解，视频网站和电视有何不同，为什么视频网站俘获了孩子的欢心。

你觉得电视和视频网站有哪些不同？

我认为是"触手可及的感觉"。

电视机里的艺人看起来像是处于另一个世界的人，而视频网站里的人就像在自己身边，在做自己感兴趣的事情。

所以，看视频网站就像在公园里玩，总觉得去公园就会有朋友一起玩，不自觉地就打开了视频网站。

在以前，住在附近的小伙伴会是一块玩耍的对象，而现在视频博主加入到了孩子的伙伴阵营。

视频网站的问题点在于"不自觉地就打开了",可以轻松地看,并且难以停下来。和电视机不同,视频网站有推荐功能,同一类型的视频会不断出现。所以我们会长时间、被动地持续浏览特定领域的视频,视野容易变得狭隘。

因此,为了防止孩子过分沉溺于视频网站,家长可以让孩子讲讲相关视频。

问孩子"今天看了什么","那个视频博主是什么样的人"。视频网站可以成为亲子的交流话题,也可以成为了解孩子兴趣所在的契机。和孩子谈论视频内容,能使孩子拥有"分享见闻的乐趣","分享快乐的喜悦",也能有效地让孩子脱离被动观看的状态。

如何应对沉迷于视频网站的孩子

也许有家长会说"我家孩子已经完全陷进视频网站里面了"。

面对这样的情况,关键就在于孩子能否凭借自身的意志力停止浏览，所以处理方法也有所不同。有意志力的话，亲子间可以讨论决定浏览的时间，或者给生活加入视频网站以外的乐趣，调整生活节奏。

如果孩子自己无法停止，即陷入所谓的上瘾状态的话，光靠嘴上讨论讨论是无法解决的，家长有必要"**拼命阻止**"。家长可以增加肌肤接触，多多夸奖孩子的努力、用心，给孩子以安心感和自信。特别是处于小学六年级到初中二年级这个阶段的孩子，他们对网游有着很高的依赖度（出自2020年东京学艺大学调查）。

一蹴而就不会改变任何状况，家长要有这份觉悟，守护孩子成长的同时，鼓励孩子"我们一同努力，争取达到自律"。最健康的做法是听孩子说出他的想法，从身心上都积极地支持孩子。

当孩子看父母认为的不良动画时

孩子长大后就会随意搜索浏览网上的内容。网络上自然有着父母"不想让孩子看的"视频。

一旦孩子学会搜索，父母就很难做到"不给孩子看"

了。所以，教孩子正确对待接触到的事物才是更实用的做法。不是不让看，也不是劈头盖脸地训斥"不能看"，而是要交流，"爸爸妈妈不太想让你看那些东西""我们不想让你有那种观点"，告诉孩子父母的想法，<u>把"想要信任你"的心情传递给孩子吧</u>。

第 3 章
在家里学习的技巧

自信

学习的技巧

习惯

秘诀 12　积攒"把他人的话听到最后"的经验，培养"倾听能力"
秘诀 13　培养"阅读能力"时，读给他人听会使效果更好
秘诀 14　在游戏和亲子对话中培养"记忆力"
秘诀 15　积累"我懂了，太好了"的经历，提高"调查能力"
秘诀 16　让孩子积极地看待失败
秘诀 17　亲子一起探讨笔记的用法
秘诀 18　晨学以简单的练习为主
秘诀 19　别担心，让孩子成为"××博士"吧
秘诀 20　让"为什么"变成口头禅
秘诀 21　令人放弃学习的话语

秘诀 12　积攒"把他人的话听到最后"的经验，培养"倾听能力"

孩子在成长过程中，要学会从别人的话里学到东西，这是非常重要的。没有耐心把别人的话听完，经常出声打断对方，或者放弃倾听，这样收获的信息会大大减少。从和他人沟通的角度来看，孩子的未来也令人担忧。

一定要阶段性地培养孩子的"倾听能力"

此处提到"阶段性"，是因为"倾听能力"是和年龄相对应的。

例如，你让一个 3 岁小孩听别人说话 3 分钟，他有心无力。10 秒、20 秒的话语里，也包含着大量信息，孩子很难记住。

我希望家长预先知道，如果是 3 岁孩子，最多倾听 5 秒；如果是 4 岁左右的孩子，父母每 10 秒停顿一下，他们才大致能听懂。

为了培养"倾听能力"，重要的是**让孩子多次体验"把话听到最后"**。为此，家长要根据孩子可以做到的倾听时长和信息量，有意识地记住以下要点：

- **说话要有主语、谓语**

大人之间交流往往省略了主语，孩子听了会感到莫名其妙。同样地，大人也忍受不了老是听不懂别人的话语吧。

不是"那个，那里"，而是"把那个笔记本放在桌子上"，明确地说出主语和谓语。

- **让孩子说他知道的事情**

例如爸爸在做饭时，不知道食材和分量，这时就可以跟孩子说："能不能问问妈妈，牛肉和猪肉各用多少克？"

试着拜托孩子吧。然后请孩子传达他问来的、听来的信息。这样可以让孩子体验听讲、记忆、传达一连串的流程，这种方法非常有效。

而且，<u>孩子认真地传达了信息后，家长要记得道谢"谢谢你帮我问"</u>。

父母通过道谢也能告诉孩子，"听别人把话说到最后"是非常棒的事情，有人听自己讲话，自己也会感到安心。

"孩子不听父母讲话"真的是孩子的错吗？

在与"倾听能力"相关的咨询里，父母经常会说"孩子根本不听我说话"。

我自己也常常扪心自问，也希望家长能注意一点，"跟孩子说话的时候有没有只关注自己的场合呢"。

父母尤其容易陷进"如何能让孩子听自己的话"的观念。日复一日，不知不觉就变成了"说过好多次了，这孩子就是不听……"，想把原因怪罪在孩子身上时，请家长稍微调整一下视角：<u>孩子也有自己喜欢的表达方式</u>。当家长开始思考"这孩子喜欢什么样的表达方式呢"，站在孩子的角度去理解他们的时候，会发现孩子竟然顺利地听自己讲话了。

如今生活如此繁忙，家长不可能事事考虑孩子的情况。如果这种事情能被做到，老天爷也会吓一跳的（笑）。所以父母也可以用自己的方式催促孩子"好了，听妈妈的话""按照妈妈说的做，行动起来"。

在时间稍有富余时，家长可以改进表达方式，或者询问孩子能不能理解爸爸妈妈所说的事情。

没必要事事要求完美。在尽可能的范围内一点点地尝试改变即可。

秘诀 13　培养"阅读能力"时，读给他人听会使效果更好

"阅读能力"和"倾听能力"都是学习中的重要能力。书籍、报纸、网络文章等，我们的许多信息都是通过"阅读"来获得的。

通过"倾听"增加"能看懂"的语言，通过"阅读"拓展"能听懂"的内容。以学外语为例，很容易就能明白这个相辅相成的关系。

比如学习母语，在看印刷字之前，孩子一直听到的是爸爸妈妈的声音，父母把文字读给孩子听，孩子会顺利地学会语言。

耳朵里听着熟悉的声音，并用眼睛追逐文字，孩子的头脑会把语言和文字联系起来。和倾听一样，孩子一次能

捕捉到的信息量有限,所以**比起快速通读,阅读的诀窍是充分划分好段落**。生于 1975 年到 1995 年期间的日本家长们,可以想象动画片《漫画日本老故事》的旁白,就像那样停顿地读出来即可。

知道每一个段落的意思,就能在头脑里想象场景,加深理解。通过阅读文字理解其深意,收获喜悦和乐趣,这样的体验会不断提升孩子的阅读能力。

等孩子习惯阅读后,家长可以请孩子读给自己听,或者与孩子交替阅读,"妈妈读到这里,从下一页开始就轮到你读了"。

孩子读的时候,家长可以"嗯嗯"地附和,或者惊讶地说"咦,是这样啊",一起与孩子享受阅读的乐趣吧。

孩子不明白的地方,家长可以稍微施以援助,"这个,是这样的意思","这个念'杏'"。与其说是教导孩子,倒不如说是**亲子在对同一篇文章进行交流和聊天**。

阅读会使知识量增加

孩子具备"阅读能力"后,不仅能加深对语言的理解，知识量也会随之增加。通过文章可以知道社会人物形象、内心活动，还有登上报刊新闻版面的世界事件，"能理解的世界"会更加宽广。自然也就容易读懂与"能理解的世界"相关的文章，能看懂的文章也越来越多。

不仅如此，对于第一次看到的文章，孩子也很容易就能理解。他们能够利用已经掌握的知识进行推测，"这是坏人最后受到惩罚的故事"。**知识丰富的孩子，拥有大量把自己和外面的世界联系到一起的契机**，所以他们的理解和适应能力会不断提升，对第一次看到的文章很容易就能读懂。

提高阅读能力的契机

培养"阅读能力"的秘诀之一就是"制造回想起以往阅读记忆的契机"。家长可以询问孩子："上周看过的故事，还记得吗？""瞧，匹诺曹玩偶！之前在图书馆看过《匹诺曹》吧？"让孩子回想起最近刚看过的故事。通过唤起记忆可以提高知识的牢固程度，对新文章的理解适应能力也会提升。

同理，还可以通过家庭对话、观看纪录片、加强对理科与社会知识的学习获得身边世界的各种知识，这也与阅读能力相关。

也就是说，<u>"阅读能力"并不是只有通过阅读才能得以培养</u>。

所以，即便"我家孩子对书不感兴趣，也不愿意读给我们听，很难培养阅读能力"，也请父母不要灰心。

特别是小学一二年级之前的孩子，比起一直坐着，他们更喜欢活动身体，不太想看书。但他们会因此看不懂书吗？也并非如此。

即便孩子自己很少看书，如果家长像讲故事（演绎）一样和他们交流图书内容，他们也会成长。因为他们的身体能够"感受"到乐趣。随着成长，孩子会越来越能坐得住，重复这样的"读书"体验，他们自己也会主动去看书，从而喜欢上读书。

"不从小看书，就没有阅读能力"，这是偏见。家长要<u>选择适合孩子的阅读方式，提高与孩子相适应的"阅读能力"</u>。

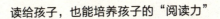第 3 章 在家里学习的技巧

读给孩子,也能培养孩子的"阅读力"

如果孩子不喜欢自己看书,但喜欢听家长讲书,也是可以培养孩子的"阅读力"。讲书的要点是读书时适时地停顿、断句。

秘诀 14　在游戏和亲子对话中培养"记忆力"

对于"记忆力",有非常多的家长存在着误解,"长大了(自然)就能记住了"。

因为存在这种误解,许多家长都跟我说"我家孩子记忆力弱","孩子不想记",认为孩子记不住是有原因的。

我希望家长们记住一个要点,即**"记忆力"不是天生的,而是大人通过适当的引导培养起来的能力**。有非常多的孩子到了五六年级也不擅长记忆,他们都是"记忆力没能被培养起来"的孩子。

某种程度上,记忆力也分天生擅长和不擅长。但比起先天的特质,后天的培养方式影响更大。

听到"培养方式对记忆力影响更大",也许有人会问:"是要我们当家长的去努力吗?"请放心!即便只是孩子之间相互玩闹,用到记忆力的场景也意外的多。

例如捉迷藏,孩子会立马用到记忆力,"那孩子昨天藏在那条长椅的后面,所以今天好像还会藏在那儿"。

扑克牌也一样。记住对方出的牌并思考战略,玩翻牌游戏靠的就是记忆力。

按照完成图组装积木时,也需要将现有的半成品和记忆中的成品形象进行对比。

也就是说,<u>**在玩各种游戏的过程中,孩子都会用到记忆力**</u>。

而且,对话中也会用到记忆力。亲子可以一块聊聊去年暑假外出旅行的话题,或者上周发生的有趣的事情,这都需要记忆力。

我们把大脑中暂时存放记忆的地方称作工作记忆区,<u>**在游玩、亲子对话、学习时都会用到工作记忆。使用工作记忆越多,记忆力基石就越牢固**</u>。

只消化被给予的东西，无法培养"记忆力"

不少父母会烦恼：明明从小就让孩子习艺、努力学习，为什么孩子记忆力还是这么弱？为什么会发生这样的事呢？这是因为父母一味地给予，孩子没有充分使用自己的"记忆回路"。

所有孩子应该做的事情，父母都替他们准备好了，即便亲子曾一块外出，但之后没有聊天回忆过往，孩子就感觉不到"记忆"的重要性，会一直处于"只需处理好父母给予自己的东西即可"的状态。

如果孩子从小就是"只需要给出反应就行"，"只需要在一旁看着就行"，长大了也不知道如何使用记忆回路。父母从小就让孩子学这学那，还坚信"记忆能力应该得到培养了"，等到发现问题时就晚了。

所以，**父母最好确认一下孩子的记忆力在生活中是否得到培养**。更重要的是，从幼年期开始，父母就要渐渐地教孩子"记忆的诀窍"。除了短期记忆能力（使用工作记忆的能力），还要让孩子掌握"记忆方法"，引导其变成可用记忆。

"记忆的诀窍"是什么?

你们知道什么样算是"记住了"吗?

实际上,记忆分3个阶段:

1. "识记"(记认),把现在的所见所闻都输入到头脑中。

2. "保持"(正在记忆),把输入的信息留存在头脑中。

3. "想起"(能够回想起),必要的时候能取出保存的信息。

多数不善于背诵的孩子其实只进行了"识记",就说自己"记住了"。但是,只输入所见所闻,过不了多久那些信息就会消失,即处于以为自己"明明应该记住了……"的状态。从"保持"进展到"想起"才算是把信息变成"可用记忆"。

"反复"可以有效"保持"记忆。重要的是在记忆消失之前复习,将其印刻在大脑里。在当天、3天后、1周后、3周后进行复习,以此循环详细回看,便能把信息高效地印刻在脑海中。

然后是"想起"。有意识地去回想，能够快速取出印刻在头脑里的记忆。到这一阶段后，就会处于"看见问题后能立即想起答案"的状态，会被别人夸奖"记忆力好"。

也就是说，**背诵、记忆和回顾、回想是配套的**。这是"记忆方式的诀窍"。"记得牢的人"是"经常回想记忆的人"。

说几句题外话，关于"记忆"，我有一句话希望能引起家长注意，即"**重视背诵不利于培养思考能力**"。

这个话本身是正确的，但以电视为代表的**媒体一般会省略"重视"二字**。为了煽动听众，引起大众注意，把说法偷换成"为了培养思考能力，请停止背诵"。从拿掉"重视"的那一刻起，含义就大错特错了。媒体都爱用这样的煽动性话语，结果就导致越来越多的父母错误地认为"背诵得越多，就越难以培养思考能力"。

头脑中原本没有知识，就不能思考。我希望本书的读者能够不受这样的煽动性话语影响。

记忆的 3 个阶段

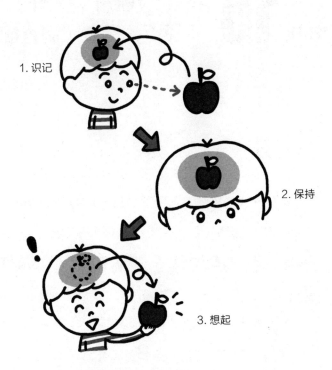

孩子的记忆力会在和成年人相处的过程中得到培养。

秘诀 15　积累"我懂了,太好了"的经历,提高"调查能力"

要培养"会自学的孩子","调查能力"必不可少。

有想知道的事情,或者不明白的事情时,如果孩子<u>能自己调查,或者询问别人,那么不用父母过多插手就能自学</u>。

孩子往往在遇到不明白的事情时,即便不知道该怎么办,嘴上也还是会说"没什么"。

所以,家长要对孩子说"有不明白的,查一查就知道了。一起查查看吧",重要的是尽早告诉孩子"调查"是弄清楚不明白之处的方法。

活用书籍

想查阅些什么的时候,我们经常使用词典、图鉴、地图、网络等查阅工具。告诉孩子,通过看书也能知道许多事,"想知道某个领域的话,看几本相关的著作也许就能知道了"。

说到书,**图书馆、书店本身就是"大宝库"**。

最近许多人都喜欢上网查资料,但在图书馆、书店走一走看一看的话,书名有时就会告诉我们许多意想不到的视角和信息。很多时候不经意间地打开一本书,就遇见了曾苦苦寻求的知识和智慧。

麦肯锡咨询公司的成功人士也说过,有事要调查或思考的时候一定会去书店。大人可以把这个智慧告诉给孩子。

询问他人

父母、爷爷奶奶、老师、兄弟姐妹、朋友等,每个人都有各自擅长的领域,所以询问别人也是一个重要的调查手段。

大人往往说"这孩子不爱问别人",请家长明白,<u>询问也需要技巧和勇气</u>。不习惯问问题的孩子会在询问时感到不安,"去问了,别人回答不了怎么办""不知道该如何问",不敢踏出第一步。

所以,家长请为孩子做好提问的准备。当孩子本人展现出不明白、困惑的样子时,询问孩子"哪里有困难"。作为父母,要让孩子明白需要问清楚哪些问题。<u>告诉孩子提问的流程</u>,"你可以问老师,从××到××的部分都懂,但从××开始就不懂了。请教教你"。

让孩子积攒"会问问题"的经验,当孩子知道做法后就能主动询问别人、着手调查了。

如果孩子提不起调查的兴趣,该如何做?

有时跟孩子说"查一查怎么样",他们会回答"算了,不想查"。他们希望"现在提问,现在就要知道答案"。对于这样的情况,家长可以<u>先告诉孩子答案,等孩子明白"原来是这样"之后</u>,再告诉孩子调查的方法,"你看,刚才说的这里都有"。

"现在就要知道答案"非常情绪化,所以先告诉孩子答案,满足他的情感,然后引导孩子转变为调查这一理性行为。

对孩子产生的"调查是痛苦的"烙印也需要注意。

大人如果强制孩子"把调查的东西写在笔记本上"或者"记住查到的东西",会让孩子产生痛苦的烙印。孩子嘴里的"麻烦"也许表示的是"不想再体会痛苦了"。

在孩子对知识怀有好奇心时,"调查能力"会让孩子不断地扩展知识。家长不要强迫孩子"去查些什么来增长知识",而是要站在"使学习的喜悦放大"的视角来培养孩子的"调查能力"。

秘诀 16 让孩子积极地看待失败

在自学能力中,"从失败中学习的能力"占据相当大的一部分。

- 某个事做不到?→为什么呢?检查、思考、询问吧。
- 某个事不知道吗?→为什么呢?调查、记住吧。
- 某个事我还是不知道?→询问、调查,再思考一次吧。

不顺利、不知道,这些会制造学习机会。失败关系到"成长"。

但是孩子只想做会顺利进行的事情。容易害怕、躲避看似不顺利的事情。所以,作为父母,一定要告诉孩子**"错误,失败,不顺利,是非常好的事情"**。

与其说给孩子听，父母倒不如在自己失败时，给孩子展现出接受的样子，"做错了，机会来了"，孩子自然就能理解。

现在，许多家长都有"不想犯错，不想失败"的想法。特别是日本女性，这种倾向更为强烈。

这也是没办法的事，许多日本女性从小接受的教育就是尽量不给别人添麻烦，发展自己的长处并不重要，要和别人做同样的事，"认真做"这句话从小听到大。"失败是不好的"已经深深烙印在了骨子里。

所以，为了传授孩子"从失败中学习的能力"，家长<u>自己首先要注意到"害怕失败的自己"</u>。有这种意识，一旦孩子不顺利时，就能保持自己不受情绪干扰，镇静地对孩子说："能学到东西就没关系"。

"会做的事情"太多，所以凸显出了失败

孩子为什么会在意错误和失败呢？那是因为<u>"会做的事情"太多了</u>。

"会做的"一增多，相应地就会发现又有"不会做

的事情""不明白的事情"。父母会发现，孩子自己也会发现。

有时会觉得"明明很努力了，可还是有不会的。那做了是不是也没有意义"。

家长可以告诉孩子："**又发现了做不到的事情，这代表你正在成长啊。**"

即便家长能够积极地看待错误和失败，但当孩子一直害怕失败而无法前进时，请父母尽量改善表达方式吧。

"失败的确令人讨厌，讨厌是理所当然的。但爸爸妈妈知道，你会把这次的不顺利变成下次进取的动力。没关系的。"

失败自然会令人心烦，让孩子学会接受，并支持孩子，告诉他失败了也没关系。

失败是成功之母

正因为"会做的事情"太多了,所以失败才引人注目。"失败的事情"出现后,请积极地把它当作成长的机会吧!

秘诀 17 亲子一起探讨笔记的用法

记录、做笔记对于形成记忆、回顾已学知识非常重要。

但令人意外的是,我们很少有机会学习笔记的用法。

所以,**和孩子一起讨论笔记的使用方法**吧,这在将来会成为强大的武器。

人类的大脑非常优秀,可以长期保持被储存在长期记忆里的信息。但是,我在秘诀 14 中也说过,不试图回想的话就无法使用记忆。"明明记住了,却想不起来了",其实并不是记忆消失了,只是不知道把记忆储存到哪儿了。

考虑到大脑的特性,关键是如何创造牵引出记忆的契机。此时记录、做笔记就派上用场了。

长期记忆分**"故事记忆"**和**"意义记忆"**。前者是伴随着时间、地点、感情等体验的记忆。用一个词总结就是"回忆"。而后者则是有意识地去努力记住的结果，扎根于大脑形成记忆，即所谓的"知识"。

提高学习效率的关键是灵活利用"故事记忆"。假设全家人去温泉旅行，你们会不会在旅行后，一家人坐在桌子前重温美好呢？比如回忆"什么时候去了哪里，吃了什么？"……

几年过后，当在电视上看见温泉景点的瞬间，记忆立马复苏——"这里我去过"，谁都有这种经历吧。这是故事记忆的优点，把当时的场景当作故事来记忆，所以一遇到回忆的契机，就能回想起来。

上课的场景、自己学习时的场景同样如此，大脑都会当作故事来记忆。只是因为没有回想的契机，所以就搁置着直到最后忘记。

所以，与其说做笔记是用来记忆学过的知识、记板书，倒不如说是用来记录要点，好成为回顾过往的帮手。

例如在社会课上，老师说："日本的国土面积大约有37.8万平方公里。"如果不照着写，可以在笔记本写上"日本国土：37.8万平方公里"。上课过程中也要注意老师的表情、语气，从"森林占2/3，河流急"的记录里就能回想起老师说过的"日本国土面积的2/3是森林，多山，所以河流特点是短且水流急"。

孩子上小学后，记录板书会越来越多，家长可以和孩子在家里讨论做笔记时的记录方法和使用技巧。

孩子往往会觉得"写上去，可以放心了"，然后再也不看笔记。无论什么样的笔记，关键是**写过后要立即回看**。即便只是当场瞥一眼，也能有个印象。而且回家后再看一次，记忆会更加牢固。请持续提醒孩子"**写好笔记后要回顾**"，直到他养成习惯。

成绩会提高的孩子的笔记用法

有的孩子能够稳扎稳打地提高成绩，这类孩子的笔记特点是保留着解答问题时的发现，照着板书写时也会把自己觉得"必须记住"的地方画上圆圈。想起"我记得在笔记本上面写过"的时候，利索地打开笔记本回看，"啊，在这里，在这里"，感叹"笔记真好用啊"。这样的孩子，能不断调取记忆中的信息，即便是不擅长的学科，成绩也会稳步提高。

秘诀 18 晨学以简单的练习为主

在大人的世界,"晨学(利用早上的时间进行学习或者充实爱好)"时不时地被作为热议话题。孩子的世界也一样,如何利用清晨的学习时间也是大家的热议话题。早起学习会给人以好印象。

晨学被推崇的理由如下所示:

• 容易规划 1 天的安排。

• 大脑经过睡眠后很放松,容易提高学习效率。

而且大家普遍认为,早睡早起,一大早就开始学习的孩子都很优秀。

晨学对孩子的学习有促进效果,这是事实。但在现代的育儿中,<u>不执着于晨学的心态反而更重要</u>。不是所有孩子都能从早晨就开始学习的,双职工家庭很容易形成夜型生活,硬把孩子的生活节奏改成晨型,这对家庭来说负担很大。

把心态放平和,我推荐大家可以在晨学中做一些能促进大脑兴奋的单一作业,即 5~10 分钟就能做完的作业,例如,简单的计算练习、汉字书写、语言学习等。

计算练习:从简单到复杂

家长可以选择符合孩子年龄段的口算练习,如"13×7=?"。孩子心算有利于唤醒大脑。可以先解答计算习题里的低难度题目,再慢慢地进攻中高难度题目,这样的学习方法也能醒脑。同理,先做 2 位数的计算,之后再向 3 位、4 位数转变,或者做过加减法之后转移到乘除法,都有同样的效果。

不单晨学,**计算练习先确保"正确率",再提升"速度",这是"铁的定律"**。即便有时间限制,也要以解答正确为优先。例如 5 分钟解 10 道题,家长就可以对孩子说:"10 道题不用全部做完,但解答过的题目要努力做对。"

如果时间到了，可以稍微延长点时间，也可以做到哪儿算哪儿。能够计算正确后，就可以阶段性地提高速度，"明天试试缩短 10 秒"。<u>要点是先正确后提速。</u>

汉字书写：比起量，要先意识到学习的目的

如果汉字书写以"数量"为目的，那只会变成机械的行为。难得的晨学也就浪费了。可以定好学习目标，例如阶段性地提升汉字学习，首先"正确记住字形"，其次是"意识到音读和训读，理解汉字表达的意思"，最后"查阅用到该汉字的熟语，增加语言知识"。

小学生报纸：比起精读，它更是信息工具

如果您家订阅儿童报纸，可以让孩子在晨学时看报纸。

比起精读和吸收知识，不如把报纸看作一个信息工具。孩子会在上面看到各种信息，能够初步感受到世界上大大小小的事就在身边。大人可以告诉孩子不用整份报纸

都看完,"<u>**看自己想看的部分即可**</u>"。

只看漫画也没关系。总有一天,他们的目光会停留在别的报道上。

比起"做什么,做了多少",晨学的价值更在于<u>**培养习惯、形成规律**</u>。难度不要过高,轻松地投入到晨学中吧。

秘诀 19　别担心,让孩子成为"××博士"吧

有爱好是好事,但有不少家长担心孩子只对某一领域的事物感兴趣。

我也经常收到类似烦恼的咨询:"我家孩子只看昆虫,我希望孩子也能关注关注其他事情。"

我理解父母的心情,但无论什么样的事物,只要孩子有"自己的世界","我喜欢这个,对它非常了解",这会让他们感到充实,有成就感,也会产生自信——"我懂这个"。**成为"××博士"是非常好的状态。**

所以我劝家长们稍微抑制一下"希望孩子对学习更感兴趣"的"企图",温和地守护孩子的"博士样儿"吧。

为大家献上一句暖心话,"口袋博士也会变得擅长

学习"。

能够查阅、理解、记忆，并能够深究特定的领域，这样的孩子在某个时间也会把这种能力应用到其他领域。**能对一件事物保持热衷，这种心性在学习上也必定会发挥作用。**

如果只是随随便便地描绘眼前的事物，什么也不用想，也不用努力，光看看也能做到。但想知道细节，就需要主动看书，上网查，问别人。也就是说，想要知道细节就等于"在学习"。

无须担心孩子的"博而不精"

和博士类型相反，有的孩子是"兴趣广泛，但都了解得很浅"，家长有时会担心孩子没有深究的耐心。

从理论上来说，这类孩子也没问题。

对各种事物都有所了解，在成长的过程中，一定会发现感兴趣的领域。遇见那样的领域时再深究即可。

始于"广而浅"，进而深究特定的领域；始于"窄而深"，渐渐拓宽兴趣，两者都不必担心。

所以，根据孩子的类型给予适当协助吧。

对于"窄而深"的孩子,家长可以在他沉迷于喜欢的领域、得到满足后,稍微拓宽孩子的视野。对于"广而浅"的孩子,家长可以在发现他对某个领域感兴趣后建议"试着查查看"。

关键是家长要让孩子用自己感到舒适的方法去拓宽、加深学习。

让孩子成为"××博士"有助于学习

对某些事物特别的兴趣有助于提高日后的学习能力。重要的是,尊重孩子的自身兴趣,根据孩子不同的兴趣给予协助。

秘诀 20 让"为什么"变成口头禅

想让孩子变聪明,使用某些话术会比教孩子知识更具效果。

"为什么呢?"

"之后会变成什么样呢?"

家长要习惯性地把这些话挂在嘴边。**通过引导孩子思考"为什么?"孩子自然而然会变聪明。**

以"明白、不明白"结束亲子沟通,学习也会就此终止。重要的是孩子能否再向前进一步:"知道是知道,但为什么会变成那样呢?"

如果家长平日里会问:"为什么呢?会如何变化呢?"

那么孩子动脑筋的机会自然就会增加。

思考"为什么",就是探究"因果关系",也就是探究原因、理由。

例如,当孩子问道"夕阳为什么是红的",查过资料后得知"光能分解成红色、蓝色、绿色等各种颜色,其中,红色光传播得最远。而空气中的水蒸气、尘埃等障碍物会影响光的波长,所以夕阳看起来不是蓝色、绿色,而是传播最远的红色光。"

"红光波长最长,所以看起来是红色。"不愧是科学。

除了科学话题,还可以聊聊日常,"为什么今天的晚饭也是秋刀鱼?""现在秋刀鱼当季,所以鲜美又便宜""到时令就会变便宜,为什么呢?"科学思维就是思考理由和原因,所以孩子问"为什么?为什么?"已经是在训练科学思维了。

持有这种观点,家长对孩子的"为什么"是不是也变得兴奋起来了呢?

<u>"这之后会变成什么样呢",这种提问会提高孩子的应用能力。</u>因为"利用现有的材料思考之后会变成什么样"

就是在应用。

例如 AI 技术。新闻上说"随着 AI 技术的进步,现在可以瞬间完成在出入口的人脸识别",家长可以问孩子"AI 进步好神速啊,以后会变成什么样呢"。和孩子一起畅想未来的发展,跟随孩子的思维展开话题。

"监控录像性能越来越高,所以犯罪会减少吗?"

"但是,如果像电影里演的一样戴上变装面具,不是就不会暴露了吗?"

"不会发展成电影里那样的。"

"为什么?用 3D 屏幕就能轻松做到!"

"是吗?那样的话,我们就不知道什么是真的、什么是假的了。"

试着启发孩子想象"会发生什么?""会变成什么样?",**能培养孩子的思考能力,对于没有答案的问题也会尝试得出自己的想法。**

推荐"任意接故事"的游戏。

例如《桃太郎》,原故事的结尾是"桃太郎驱除了魔鬼,回到了村子里。皆大欢喜"。可以试着与孩子思考:

"之后桃太郎做了什么呢？"

"魔鬼看起来好可怜，他去还财宝了！"

"爷爷变成了懒人，被奶奶骂了！"

续接故事会让孩子情绪高涨，请一定尝试一下。

秘诀 21 令人放弃学习的话语

孩子内心活跃的时候,学习能力会得到提高,但有时家长会在无心之下说出令孩子放弃学习的话。

这一节会介绍经常出现的打击孩子学习兴趣的话语。如果家长有说过类似的话,请**有意识地减少使用次数**。

话语 1:"啊,不知道。"

孩子问道:"这是什么?",你说:"这个嘛,不知道。"许多家长还会说"不知道的事情不要问"。恐怕是因为家长觉得"对于孩子问的问题,必须说出正确答案",不知道的话就不能回答,所以拒绝回答。

但是，家长不一定要告诉孩子正确答案。重要的是从未知到已知的过程，而不是单纯地说"知道或不知道"。不要再说"这个嘛，不知道"，请试着说能促进下一步行动的话语，**"爸爸也不知道，一起查查看吧"，"不知道啊，咱们一起去书里找找看吧"**。

大人之间也一样，对于"那是什么"，有人只会回答"啊，不知道"；有人却会说"确实，那是什么啊？好神奇"。你们愿意和哪一类人打交道呢？想必是后者吧？收到前者的回答，确实会令人感到失落……

话语2："好了，快点做。"

孩子难得有感兴趣的事情，父母却只看自己的心情，让孩子按照父母自己给安排的日程去行动。典型场景就是，孩子正在玩耍，父母想让孩子去做作业，看着还磨磨蹭蹭的孩子就会说这句话。相似的话还有"那种事情不要做了，去做这个"。

这些语言存在两个问题：

一是会传达"你现在感兴趣的事情是无意义的"信

息,最后浇灭孩子内心的热情。

二是父母要孩子"快点去做"已经为其罗列好的清单,从而使孩子失去主动投入的热情。

当孩子不活跃时,勉强点燃他们的热情也不会得到想要的结果。家长要制订一个相对宽松的计划,让自己也能变得从容,这样就不会说这些话了,所以请多多思考改良方案吧。

话语 3:"无所谓。""没意义。""有什么用?"

在孩子上一二年级之前,家长尤其要避免使用这些语言。即便大人认为"那种东西有什么用",但对孩子来说,那些东西可以拓宽他们的内心。

我有一个朋友,他家孩子非常喜欢昆虫,会一整天都站在虫笼的前面,非常细致地画虫子。孩子妈妈跟我吐槽"比起画虫子,我更希望孩子去做算术题",我告诉她"孩子才 6 岁就有这样的观察力是非常厉害的,一定要守护他这种能力"。

后来那个孩子升学了,理科、算数也变成了他喜欢的科目。在语文学习中也善于分辨词汇。他的观察能力通过观察虫子得到了拓展,也就是说,仔细观察细节的能力在此时发挥了作用。

我们不知道孩子关心的事情之后会联系到什么。请停止以大人的基准去判断"无所谓""没意义""有什么用"。一味让孩子用"能否有用"的思维去接触学习,他们可能就会认为"这个不考,不用学"。在未来,孩子可能容易被眼前的利益所诱惑,会因小失大。

第4章
孩子在集体生活中的学习

- 自信
- 学习的技巧
- 习惯

秘诀 22　从谈论朋友的聊天中得到成长的提示
秘诀 23　询问孩子"老师会在什么时候夸奖你"
秘诀 24　以帮助老师为目的去和老师面谈
秘诀 25　学会和"规则""同调压力"打交道
秘诀 26　练习"说出心中所想"
秘诀 27　理解孩子"想休息"的想法
秘诀 28　"没有 100 个朋友"也没关系

秘诀 22　从谈论朋友的聊天中得到成长的提示

守护孩子在家庭里的成长自然是重要的,但守护孩子在集体中的成长也同样重要。本章想谈一谈父母在这个环节能帮助孩子做些什么。

孩子经常讲朋友的事给你们听吧?"××非常喜欢拼图,很快就能找到合适的小图片。现在我们正一起挑战1000块的拼图"。

"××跑得非常快。捉迷藏根本抓不到"。

这种话里饱含着大量关于孩子成长的线索,所以请家长一定要快乐地倾听。

孩子会从父母那里学到很多,**也会从朋友那里学到很多**。

朋友和自己同龄，所以孩子容易对朋友做的事情感兴趣，产生"自己也想试着做做"的想法。

孩子经常说"××在做，我也想做"，这并不是单纯地随大流，而是容易联想到自己也在做的画面。

所以家长事先持有孩子会从朋友那里学到许多的观点吧。

当孩子提到朋友后，大人进一步询问，就能加深孩子的记忆。

"××是什么样的孩子？""××哪些地方有趣呢？"

从孩子的话语里也许能注意到自己孩子和他朋友之间有哪些相似之处。如此一来，"喜欢拼图这一点和你很像"，使孩子意识到他们之间的共同点。人喜欢和自己相似的人交朋友，找到共同点会感到安心。

发现和朋友的"不同"之处是学习的机会

反过来也许会发现"这里不一样呢"。

遇见与自己不同的人，孩子将获得难得的学习机会。在考虑孩子成长时，意识到不同点非常重要。

发现不同时，可以和孩子一起思考背后的原因："××为什么会跑得那么快呢？"

也许孩子会说出一个非常孩子气的理由，如果家长认识那个朋友，可以告诉孩子更多的信息，"听说她从小就上体操班""听说她每天早上都和爸爸一块跑步"。这样孩子就会发现，<u>朋友的"会做""厉害"是有"原因"的，自己照着做的话或许也能做到</u>。

孩子往往会认为朋友的"厉害之处"是天生的，"那孩子天生就会"（有的父母也片面地认为什么都是"先天的"）。

有时即使父母说"一定付出了很多努力"，也会被孩子主观否定，"他才没做这些事呢"。这种时候可以建议孩子"那你下次让对方教教你"。孩子一般很乐意跟着朋友学，自己也容易产生试一试的想法。

孩子之间的相互学习，要比大人想象得丰富有趣。请一定认真倾听孩子是如何描述自己的朋友的。

秘诀 23 询问孩子"老师会在什么时候夸奖你"

在集体生活中，小学老师对孩子来说是特别且非常重要的存在。遇见什么样的老师将大大影响孩子的日常生活和成长，了解"**孩子的老师**"并不简单。

本小节想讲一下如何理解孩子老师的为人、价值观。

通过孩子什么时候受夸奖、什么时候被批评来了解老师

了解老师的诀窍是问孩子："**老师什么时候会表扬你？老师什么时候会批评你？**"透过表扬方式和批评方式可以看出老师的价值观和关注点，通过这两件事也会显示出老师的性格类型。下面列举了不同类型老师的"表扬要点",只是一个大致标准,请参考。

表扬分数等可见的"成果"→重视"胜负""结果"。

表扬经常发言的孩子→喜欢外在的积极性。

表扬文字细心等小变化→会关注孩子背后的努力。

表扬孩子能按照指令完成某件事→(心底里)有支配欲望。

会夸奖孩子的个性→想要理解每个人的特性。

此处重要的是,**父母要用心体会老师的评价,理解老师的想法**,"这位老师采取的是这样的表扬方式,也就是说,这位老师对待学生是这样的类型"。通过理解老师,能够更好地进行家校共育。

我也推荐从老师的批评方式来理解老师的教育理念,从而可以进一步了解老师。

- **情绪化地大声批评**

因为过度的压力、庞大的工作量失去了自信。

- **用冷淡的语气批评**

义务性地做着老师这份工作，也许不会和孩子进行心灵交流，也不能享受工作。在本人的信念和所处的环境之间摇摆，认为如果不冷漠也许就保护不了自己。

- **平静地讲解、批评**

很清楚班级的情况，能照顾到每一个人。

- **用温和的语气批评**

能感受到老师的辛苦和内心的安定，能耐心等待学生理解。

如果孩子因不合理的事情而受到批评，导致心理受伤时，家长可能想责怪老师。但是如果家长能大致地考虑到老师的心理，即便不完全认可老师的批评方式，也能稍微理解老师为什么会那么做。

特别是小学一二年级的孩子，包括孩子的父母都很难想到老师也只是一个人，也有为难的事。

如果家长能够理解老师，就能在和孩子谈论老师时，站在理解老师的角度说:"也许是因为这样",从而减轻孩子因为老师批评而产生的心灵创伤。

此处需要注意的是,**不要采用比如"老师也没闲工夫,你就谅解一下老师吧"等让孩子一味忍耐的解释。**

"老师批评错人了,你别心情不好了,你没有做错。只不过,老师也许有为难的事",当孩子心情不好的时候,一定要好好地认可、理解孩子。

我希望家长能够掌握好平衡,**在考虑到老师心理的同时,更要优先理解孩子的情绪。**

秘诀 24 以帮助老师为目的去和老师面谈

小学有一项个人面谈活动,有不少家长不知道问些什么。我推荐,从家长的角度去问老师有没有为难的事,有没有家长能够帮忙的事,抱着这样的目的去参加面谈。

现在的老师事事处于"给予的一方",难以向家长寻求协助。和家长洽谈时,一个不小心就被贴上了"没有指导能力的老师"的标签,也许还会收到地区教育委员会的负面评价。努力过头、心理崩溃的老师接连出现,这已经变成社会性课题。

所以,重要的是家长要展示出"想帮助老师"的姿态,持有让老师放松的观点。

在此基础上,家长可以在面谈中自然地表示出家庭的教育方式。具体做法自然也要看老师的类型，例如老师以班级运营的和谐度为优先，但父母的想法是"尊重孩子的意愿"，这样就会出现家庭教育方式和班级教育方式不一致的情况。

出现分歧时，家长可以咨询老师的班级教导方式，进一步询问："我们家可以注意哪些事情呢？""孩子应该往哪个方面努力呢？"这样也更容易拉近与老师的距离。

此时的要点是表达方式。一味地说"我家是这样的方式"，即便你没有那个意图，也可能会让对方觉得你在发泄不满，也可能会发生老师过于配合家长的状况。

所以，请把"我家的教育方式是这样的"和"老师您也有班级教导方式，我们要注意哪些地方呢？"结合在一起来表达。如此一来，很容易就能创造出老师和家长齐心合力的场面。

不会被视为抱怨的面谈方法

经常听到家长倾诉这样的烦恼："在面谈中，我明明有事想找老师商量，但不想被老师认为是抱怨，所以什么也没说。"这也属于表达方式的烦恼。

"我们因为××而感到为难"的面谈方式听起来很像是"要求",所以稍加改良,添入以下词句吧。

- 作为孩子家长,我也想知道有没有需要我做的事,请您告诉我。
- 老师,您有没有什么好的建议?

这样就很容易和老师进行有建设性的对话。

假设你想和老师商量:"孩子老说听不懂算数课,怎么办才好呢?"直接这样说,会被老师理解为:"这是在责怪我教得不好吗?"家长也担心老师会不会多想,最后只好选择不说。

这恰好就轮到刚才的语句出场了。

"作为孩子家长,我也想知道有没有需要我做的事,请您告诉我。我家孩子很多时候都不能充分理解刚学过的知识。老师你有没有什么好的提议呢?"如此一来,老师也容易说出他的想法,也会反思自己的教学方法。

而且,除了小学,这个技巧也能用于和辅导班老师的面谈。

<u>"为了孩子的成长,请和老师友好结队"</u>。和老师说话时,请持有这个观念。

不要光是"让老师做",请持有"我们要帮助老师"的视角,这样也容易更好地让家长、老师和学校相互配合。

秘诀 25 学会和"规则""同调压力"打交道

在发挥自己强项的基础上,尊重孩子的特色、长处和个性。

但在集体里"强调个性"很有可能会引起摩擦。

人是群居生物,在重视个性的同时,也要知道自己是社会中的一员。

在持有自己的观点之前,家长要让孩子知道两件事:

其一是<u>规则</u>。规则因为什么而存在,如何与规则打交道。

其二是<u>同调压力</u>(一种集体压力,即多数人决定意见后,少数人只会选择沉默或服从)。不是要孩子去反抗同调压力,而是知道如何在同调压力中坚守自己的个性。

事事受规则束缚就无法发挥个性,但为了回避共同生活中的纠纷,为了守护健康和生命,我们同时又需要规则。

孩子如果发泄不满,"为什么会有这样的规则",<u>请家长和孩子一块讨论制定规则的目的吧</u>。

假设孩子能迅速说出不满,比如上课时还没举手就把想法说出来了。

而老师并没有叫没举手的孩子回答。于是孩子开始发泄不满,"老师不听我讲话"。这时候家长该怎么办呢?

此时正是探讨规则的好机会。可以和孩子一起思考、探讨"规则"的目的——"老师知道每个学生都有自己的想法,但为了其他人也能说出自己的想法,所以才制定了'由举手后被老师点名的人说出想法'的规则。所以,听别人把想法说到最后也非常重要。你被选中就可以说出自己的想法,没被选中也不代表你的想法不重要。"

可以一并告诉孩子,妈妈、爸爸、老师都知道他有自己的观点。

通过仔细说明,孩子也能感到安心,遵守规则,逐渐理解自己的个性如何才能被重视。

不要强行挑战"同调压力"

"大家都必须一样。"

"表达不同意见会很麻烦。"

日本社会四处充斥着"同调压力"。阴暗的欺凌文化、高自杀比例都与同调压力深深相关。

在培养孩子个性的同时**如何处理同调压力呢？我认为重要的是培养"无所谓"的心态。不去抵抗，而是接受。**

"配合声音大的人""注意不要引人注目""对周围的人和不感兴趣的事情也展现出关心的样子"，这在成人世界已经是习以为常的事。

在成人世界里横行的事情，在孩子的世界也照样会发生。我们单单要求孩子"你要充分表达自己的意见，要强势"是很残酷的。日本的同调压力没那么简单。

虽然可悲，但父母能做的只是让孩子认识到我们的社会有严苛的同调压力，以守护孩子免受伤害。

如果孩子说"虽然大家都这么做……（小声反驳）"，父母可以引导孩子说出真正的想法："其实你是想如何做呢？"听孩子说出他的想法后表达认可"那不是挺好的吗"，使孩子确认"自己可以这样做"。

如果孩子说"不想引人注目,这次就算了",那样也行,家长可以提议孩子在学校以外的场所发挥自己的个性。家长要帮助孩子回避和接受同调压力。

例如,不参加小学、初中的社团活动,而是加入民间俱乐部。还可以通过图书、动画片、电影等虚拟世界,把自己投射到不屈服同调压力的主人公身上。

日本社会的同调压力还没有完全消失。身为父母的我们要倾听、守护孩子的心声,让孩子保有自己的特色。

守护孩子不受"同调压力"影响的关键

重要的是培养孩子回避和接受"同调压力"的心态。父母能做的是让孩子保有自己的特点。

秘诀 26　练习"说出心中所想"

从幼儿时期到小学一二年级，孩子和朋友之间的相处渐渐增多。这段时期，在远处看着孩子的家长会感到不安："这孩子没问题吧？""拿了其他孩子的玩具""和其他朋友玩不到一块"等都是常有的烦恼。

在这种情况下，家长大多会教育孩子"要跟别人说'我借用一下'""和小伙伴说'想一起玩'"，但家长应该知道，<u>"说出自己的想法"对大多数孩子来说难度非常高</u>。

这阶段的孩子掌握的词汇还不多，还不太能准确表达自己想法。孩子也有"好孤单啊""大家一起玩真好啊"等微妙的情绪，但他们并不懂得该如何表达。

所以，即便父母说"说出来"，他们也只会说"没什么""我不知道"。他们不知道该如何说,索性放弃。

父母会心急"老是这个样子,长大了该怎么办",不由分说地训斥孩子,这很可悲。

我希望父母能知道"把话说出口不是一件容易事"。

那该如何做呢?<u>设想场景,和孩子一起练习,让孩子把自己的感受转换成语言</u>吧。

孩子拿了其他人的玩具

当孩子拿了或者碰了别人的玩具,家长可以对孩子说"你来试着回想一下当时发生了什么"。

"当时你的真实想法是什么?"

"你拿了××的迷你小车,你看见那个迷你小车的时候是怎么想的呢?觉得很酷?想一起玩?是哪一个呢?

就像这样,家长给出选择项,孩子也容易说出自己的想法,"想一起让车子跑起来""我想要一个"。

孩子能说出原因后,家长可以给孩子建议——"那你下次可不可以对别人说'一起玩吧'?""跟对方说'让我也玩一玩吧'?'",给出下次遇到类似情况时的方案。

推荐用角色扮演来进行练习：

妈妈：（拿着迷你小车）假设妈妈现在是××，你想玩这个玩具车。咱们来扮演一下吧。

孩子：（一声也不吭，想伸手拿妈妈的迷你小车。）

妈妈：喂喂，等一下。你试着说点什么？

孩子：……借我玩一下。

妈妈：好的！那么那个红色的车可以借给我吗？

孩子：嗯。给你。

妈妈：好的！你下次就可以这样做。

和孩子多多模拟练习，直到孩子可以和朋友一起玩。

融入不了小伙伴游戏圈的孩子

很多家长会担心孩子"融入不了朋友圈""不能用语言表达想加入朋友圈的想法"。这类孩子只是无法把想法转换成语言，但想法还是有的。

完美主义、爱干净的孩子有着强烈的"不想犯错""不想引人注意"的想法，容易对加入朋友圈产生紧张感。

如果问孩子："该如何说才好呢？"反而会使他们更紧张，<u>关键是家长要为孩子列举交流示例</u>："这样说怎么样？"

"如果你很难在大家大声玩闹的时候说话，那可以等大家声音变小后，靠上去说'让我也加入吧！'"。

"也可以说'你在做什么？能教教我吗'"。

告诉孩子相应场合的说话方式，之后就和上文中"拿了别人玩具的孩子"一样，设想实际场景进行练习吧。

慎重并且聪明的孩子有时会问"如果我说了，他们没让我加入该怎么办"。那时家长可以说"不顺利的时候，还有其他方法，别担心"，把"没关系"的态度传递给孩子，使其安心。

孩子会因此鼓起勇气说出想法，等孩子加入到游戏中后就表扬孩子，"很厉害嘛！你做到了"。不断练习、锻炼让孩子渐渐地把想法说出来。

站在父母的立场，看着孩子不合群，不敢表达自己的想法，也许会不安，但无须担心。

等和孩子独处的时候和孩子聊聊天吧,多次进行对话"下次试着这样做吧",**孩子会记住这个经历。**

不论是拿了别人玩具的孩子,还是融入不了朋友圈的孩子,能开口说出自己想法的时机一定会到来的。请父母尽量避免贸然说出"今天也没能做到"等批评性的话语。

秘诀 27 理解孩子"想休息"的想法

幼儿园、学校、培训班都一样,孩子一说"想请假",许多家长会变得焦虑不安。"这样下去,会不会变成逃课""这孩子是不是干什么都半途而废",我经常收到这样的咨询。

这时候,有的家长会让孩子继续努力,"什么都应该坚持""不应该轻易放弃"等。**育儿的"应该论"大部分情况下都是危险的。**

孩子说"想请假"时,父母不要不由分说就拒绝,"不能,不能请假",而是要理解孩子的想法,关心孩子身上发生了什么。

也许孩子在班级里遇到了麻烦。

也许孩子不会做作业,感到厌烦。

也许孩子对游泳、演讲没兴趣。

也许孩子是累了。

这些都是常见原因。

如果是小学生,也有"没理由,就是想请假"的情况。或许是一直以来都在努力,心里感到疲惫了,或者是太累了,想发会儿呆。

这时重要的是,家长不要极力标榜"应该去学校"的"应该论",而是**给予共鸣:爸爸妈妈也偶尔会这样**。

特别认真的孩子会自责:"不想去学校的自己是坏孩子",令自己更加痛苦。家长要贴心地安抚:"爸爸妈妈有时也有那样的想法,你稍微休息一下,恢复活力后再去吧。"重要的是给孩子传递安心感。

我也经常看到这样的场景,当家长对孩子表示理解,并对孩子说:"大家都有想休息的时候。"孩子反而会说:"……那我还是去吧。"请假问题轻轻松松就解决了。

不要"无理由地休息——逃课、宅在家"

经常有家长担心"孩子请假一次会不会染上偷懒逃学的毛病……",我可以明确地说,这样的休息请假与逃学没有直接联系。

况且,逃学、宅家也不是这些事情导致的。

想逃课的时候可以逃。不会翻单杠,不想被嘲笑,不喜欢大合唱,重要的是"想回避讨厌的事情,所以逃离了"。

一旦逃避了痛苦,人就可以发挥理性的力量。让孩子明白可以在家稍微练习一下再去,或者安慰孩子"不会翻单杠没什么大不了的,妈妈也不会"。

"逃避≠放弃"。家长们要知道孩子需要暂时拉开距离,思考解决方法的"调适时间"。

在告诉孩子有多种选项的基础上安慰孩子"没关系的","你稍微休息一下就能恢复了"。

因为休息而"染上了逃课的毛病",其实原因不在于休息请假,而是被别人认为"差劲"(自己这么认为)。大人对于"孩子休息请假"说出"你这家伙不行啊","竟然因为那种事情休息,将来该怎么办"等负面评价,孩子会深受其害,稍微感到压力就会觉得再也振作不了了。

逃课、宅家的原因不能一概而论。我只能说,如果没人劝慰孩子"总能恢复的""没关系的",或者孩子不会自我开导的话,那他就会失去回归到正常生活的契机,甚至再也无法恢复。

所以,不要说"明天必须去",而是告诉孩子"等休息好了、恢复了再去吧",重要的是相信孩子的自我恢复能力,耐心等待。

因工作不能请假的父母应该如何做

看到这里,也有许多家长会说:"我家是双职工,不能放孩子一个人在家休息……"

确实。对于这样的情形,**不能只靠父母努力**。

如果爷爷奶奶可以照看孩子,就拜托他们看管一下吧。

在充分考虑到孩子安全的前提下,也可以请求外援,拜托附近的邻居,社区育儿兴趣班、辅导班、培训班的老师、临时保姆等。为了守护孩子的成长，要认识到学校、家庭和社区是三位一体的。此时正是要借助"社区"的力量，补充"家庭"力所不及的部分。

如果没有可以拜托照顾的人，就告诉孩子父母的实际情况。

"爸爸妈妈理解你想休息的心情，**也想让你休息**，但今天和明天，妈妈工作上无论如何也不能请假。把你一个人丢在家里也不放心，今天能不能去学校呢？如果你确实要休息，后天可以休息。怎么样？"

试着这样商量后，孩子会感到"自己的想法得到了理解"，有时会鼓起勇气说："那我今天试着去上学吧。"

如果孩子9岁以上，平时也有看家的习惯，父母可以在能早退的日子里，每小时打一次电话问问情况，在充分考虑到安全、防盗的基础上让孩子一个人待在家。

秘诀 28 "没有 100 个朋友"也没关系

有相当多的父母担心"孩子朋友少"。有时我还会收到"我家孩子老和同一个孩子玩,我想让他和更多的孩子交朋友"的咨询。

我们这一代人是听着"能交 100 个朋友"的歌声长大的,接受的是"向全世界扩大朋友圈"的教导,因此很在意朋友数量。

但是没关系。有的孩子喜欢和许多朋友热热闹闹地玩,也有的孩子只喜欢和几个伙伴深交,还有的孩子对交朋友没什么感觉。每种类型的孩子在将来的社会生活中都不会产生困扰。

从幼儿园到小学,孩子们"心"(内心)"脑"(智力)

"体"（体力）的成长方式各不相同。

有的孩子身体成长快速，但内心发育缓慢；有的孩子压根儿不长个，但说话流利。这个时期的孩子就是这样。

心、脑、体之间的平衡会在初高中的成长过程中得到调整，很多人成年后三者还有所失衡。所以朋友关系自然也会因孩子各自的类型特征而有所不同。

朋友为什么重要呢？一是因为通过和朋友交往，我们可以理解他人的想法，能够体贴他人；二是因为老是自己一个人就一直不能真正了解自己。如果能遇到可以坦率交流想法的朋友，我们就能更清晰地认识自我。

朋友的意义在于深层次的交流，所以**朋友的"数量"没那么重要**。

| 专栏 | **让亲子间增添笑颜的"小步骤法则"**

当孩子遇到不明白的事情时，即使父母对孩子说"查查看"，也有孩子会感到困惑，"该怎么做呢？"此时家长要分解"调查"作业，给孩子划分详细的步骤。

对于不知该如何调查的孩子，家长可以告诉他们调查工具,"可以看图鉴"。

对于不知道该看哪本图鉴的孩子,家长可以说:"如果查花,就拿《植物》图鉴",那样孩子就知道可以选择哪种工具了。

孩子找不到相关页数的话,家长要给出寻找提示:"先看目录,那里会写花的种类和对应的页数""你是在散步路上看见的花,所以看看标有'公园花、道路花'题目的那一页"。

也可以说:"随便翻翻看,怎么样?"

其实如果对"调查"进行分解,就会发现大人随口一句的"查查看"里面包含了若干个步骤。对孩子来说难度很大。

观察孩子有没有发现什么,并给予适当的帮助,这是在给予孩子"学习的技巧",之后表扬孩子"你都能自己做到这一步了,真棒"的机会也会增加。

第 5 章
守护孩子的健康

自信

学习的技巧

习惯

秘诀 29　父母要交流孩子在健康方面的价值观
秘诀 30　决定好明天的起床时间后再睡觉
秘诀 31　父母和孩子一起洗漱
秘诀 32　要耐心对待孩子的挑食问题
秘诀 33　父母迷茫时先考虑"孩子的心理健康"

秘诀 29　父母要交流孩子在健康方面的价值观

据我所见，在家庭中熟知孩子健康状况的人里，妈妈占压倒性的多数。许多爸爸都不知道孩子经常就诊的儿科医院，甚至连母子健康手账都没打开看过。

如果你们家是这样的情况，那我建议，**父母二人一定要充分交流孩子在健康方面的价值观念。**

父母在"孩子的健康目标"上如果有分歧，育儿会变得很辛苦。

例如，孩子容易过敏，妈妈知道自己孩子身体在换季时比较敏感，爸爸不仅不了解情况，可能还会冷酷地说："孩子看着没精神，让他多运动运动吧。"

对于挑食的孩子，妈妈做饭时会考虑适合孩子的菜谱和食量,但爸爸想让孩子多吃的时候可能会说:"蔬菜有点少了"。

父母在孩子健康方面的理想目标有所不同,导致很多时候妈妈们都会感到疲惫辛苦。

关于健康的理念与学习也相关

我为什么要在这本书里提到"孩子的健康"呢?因为如果健康方面的价值观有分歧,那之后的"守护式"育儿会很难进行。

父母意见不一致,一方(大部分情况下是妈妈)就会在意另一方(大部分情况下是爸爸)的言语脸色,对孩子的健康越来越费心,事事抢先做。如此一来,随着孩子成长,他们不只在健康方面,连学习方面也容易干预过多。

与健康相关的分歧有时也会影响婚姻关系,所以容易形成情感问题。父母意见不一致,万一出现一些问题,双方往往会相互指责。

<u>一有机会父母俩人就研究研究孩子健康方面的"一点小事"吧</u>,例如"孩子说膝盖痛,但现在正在迅速长个,

也许是生长痛""初春的时候,一到傍晚就没劲儿"等,经常交流,父母就不会因一点小事就惊慌失措,而是能以平和的心态守护孩子。

父母在孩子健康问题上的价值观要一致

父母在孩子健康问题上的价值观要统一,这样,"守护式"育儿才更容易开展。

秘诀 30 决定好明天的起床时间后再睡觉

随着孩子年级的升高，关于睡眠的问题也随之增多，家长们经常问我："孩子几点起床好""平常孩子应该几点睡觉"。

虽然家长们都"希望孩子早睡早起"，但真实情况却是父母忙，孩子也忙，每天都被时间追着跑。

但是，在观察并调研过大量孩子，而且接触了医学知识后，我得出的结论是<u>"停止'一般人'的想法"</u>。

因为，体质真的因人而异。有的孩子血压有点低，有的孩子有偏头痛，有的孩子一睁开眼就能立即行动，有的孩子醒来二三十分钟还懒洋洋的，不催促就不行动。这都与体质有关，所以重要的是先观察孩子，从理解孩子状态的角度入手，看一看**什么样的生活节奏更适合孩子**。

如果孩子醒来能够立即行动，可以定好起床时间叫醒他。醒来就很精神的孩子调整起来也容易，所以可以引导孩子早睡早起，养成晨型生活习惯。

如果孩子醒来后行动拖沓，那么即使强制他起床，他也会一整天没精神，结果到第二天早上还是拖拖拉拉的，这种情况也很常见。

不要拘泥于特定的形式，根据孩子的情形灵活处理吧。

有的父母很在意秘诀 18 里提到的"晨学"，但如果孩子是因为体质而起床困难、没精气神儿，那么对孩子说这说那反而会产生反效果。最好让孩子赶在上学不会迟到的时候起床，这类孩子不适合"晨学"，可以让他们在傍晚以后学习。

设想好起床时间后再睡觉，第二天就能够顺利起床

"**明天 7 点起**"，**睡觉前定好次日起床时间**也十分重

要。早上起不来的一个原因就是没有把"明天早上几点起床"的概念输入到大脑中。

明明体质方面没问题,早上就是起不来。对于这样的孩子,家长就可以在孩子睡觉前问他的计划:"明天打算几点起呢?"

可以试着问孩子:"起床后计划做什么?知道了,那7点的时候叫你,不过你要自己醒来。"引导孩子说出"好的,我7点起床"后,孩子按照约定时间醒来的可能性会变高。

大脑的计划能力十分强大,当"7点起床"的计划存在于大脑后,大脑会为我们叫醒身体。

即便一开始的时候不顺利,但通过坚持,最后都能做到。

孩子在郊游的那一天能够早起就是因为他有起床的计划。可以把这种方法加入到日常生活中。

睡不着的孩子的心理状态

早上起不来的孩子多数情况下是原本睡得就晚。

一直睡不着说明孩子有自己的原因，家长可以了解原因后采取相应的措施。

大人心里有事有时也会睡不着，孩子也一样，在意有事情没做完，不想结束这一天。这种时候，父母可以劝慰孩子"<u>可以在明天早上再做</u>""<u>那个可以周末再做</u>"等，让孩子下定决心，让孩子安心睡觉。

而且，如果今天一天的精力没有被完全消耗，过得没意思，孩子会感觉有点可惜而睡不着。在这种情况下，家长可以<u>就今天发生的事和孩子聊一聊，对这一天进行总结</u>，孩子有时就会安心地睡觉。

秘诀 31　父母和孩子一起洗漱

也不知道为什么，好多小孩子都讨厌漱口、洗手、刷牙，明明还没做，却硬说"做过了"，许多家庭对此很无奈。铁的原则是"**不要光嘴上说让孩子做，要跟孩子一起做**"。

不要光对孩子说"刷牙了吗？快点去刷"，而是和孩子一起做，"我们一起去刷牙吧"。即使自己刷过牙了，也要再刷一次。

之前介绍过的"<u>笑脸→体温→语言</u>"的法则也能应用在此处。

家长们往往会以威胁的语气表达"不做的话会生病的""长蛀牙了也不知道"，这会造成相反的效果。

"漱口、洗手会让你身体保持健康。"

"坚持刷牙吃饭会更香。"

"把牙齿刷得干干净净的，别人看到了，也会心情好。"

重要的是**以积极向上的口吻传达生理卫生知识**。

说到刷牙，如果孩子感觉灵敏，可能会对牙膏牙刷感到排斥。家长可以试着改变牙刷的尺寸，使用刺激小的牙膏，和孩子一起探索令孩子刷牙舒适的方法。

我们在前文中说过，**培养习惯的要点是"表扬理所当然"**。

漱口、洗手、刷牙，在大人眼里这些过于习以为常，往往容易忘记，但**当孩子能够认真完成后，请多加"表扬"**。

秘诀 32　要耐心对待孩子的挑食问题

真的有非常多的家长会烦恼孩子挑食，担心挑食会不利于孩子的健康和身心成长。

从结论来看，家长无须过于担忧，放从容一些，用"在 18 岁之前都没关系"的观念为自己宽心，守护孩子的喜好。

即便有点挑食，孩子也会茁壮成长

"希望孩子不挑食，什么都吃"的想法来自于**"希望孩子健健康康的，有一副强壮的身体"**的父母心。经常听到家长担心孩子挑食，"会不会营养不良"。如果您正在看这本书，我相信你们对孩子的关爱、饮食已经足够丰富认真了。学校的配餐一般都很丰盛，所以轻微的挑食不会导致孩子营养不良，不必担忧。

报刊有时会有"让孩子头脑变聪明的食材"特辑，我也能理解家长担忧挑食会妨碍孩子学习能力发展的心情，但学习能力并不会因为挑食而降低。

<u>从我的印象来看，年级越高，挑食的孩子越多</u>。也许是因为随着孩子发现能力、观察能力变强，他们对食物的气味也更加在意。

有的孩子"不吃某些食物也长得很壮实"

我希望家长们可以知道，随着孩子成长，有时以往吃不了的东西现在能吃了，<u>有的孩子因为体质原因有些食物"不想吃，可以不吃"</u>。挑食的孩子≠任性的孩子。

不过，因为挑食和体质原因不能吃某种食物，和"明明想吃面包，但妈妈做的是米饭，所以不吃"的单纯的任性是不一样的，这一点需要注意。

希望父母提前教会孩子对食物感恩,对粮食生产者、制作料理的人应怀有感谢之情。

每次也应当告诉孩子,即便不喜欢,也不可以浪费粮食。

不要想着一日三餐都要完美,从长期的角度来守护孩子的饮食吧。随着孩子身体的成长,营养知识的增加,很多时候也会出现之前不能吃的食材渐渐变得能吃了。

耐心看待孩子挑食这件事,以"孩子18岁之前都能调整"的心态从容对待吧。

第 5 章 守护孩子的健康

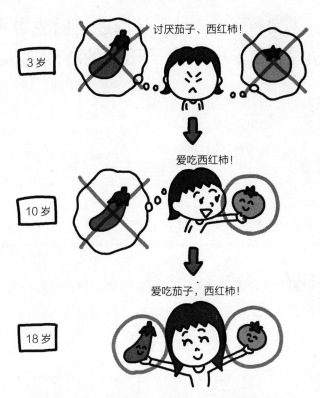

耐心对待孩子的挑食

3岁 讨厌茄子、西红柿！

10岁 爱吃西红柿！

18岁 爱吃茄子，西红柿！

孩子即使有些挑食也能茁壮成长，能吃的食物会随着长大而增多，重要的是家长要耐心对待。

秘诀 33 父母迷茫时先考虑"孩子的心理健康"

书看到这里,有的家长或许觉得守护式养育法太难了。

没错。关注着孩子成长过程中的点点滴滴,持有相应的视角,这并不简单,答案也不唯一。

本书提到的知识、想法说到底只是提示,"这些没有全部做到,孩子就会变成废物"之类的事情并不存在。

只需采纳那些与自家教育方式相适的方法即可。

因为获取了各种知识,选择时也会产生迷茫。从"是否参加小升初考试"等与孩子前程相关的事情,到"身体有点不舒服,想去附近的公园逛一逛"等一个日常生活中的场景,都会有所迷茫。此处想说一下父母迷茫时的判断标准。

作为金规铁律，就是一句话，**"以孩子本人的心理健康为优先"**。

孩子内心得到满足时，身体也会健康

明明发烧 38.5℃，为了心理健康而去玩，这就不像话了。

"虽然定的是平日里晚上 9 点睡觉，但今晚 9 点会播放一部动画电影，无论如何也想看"，这对孩子本人来说是一件特别开心的事，家长可以让孩子看。

心理需要得到满足也有利于身体健康。虽然生活节奏暂时被打乱，但内心得到满足很快就能调整过来。比如，家长让孩子从 9 点开始看动画电影，虽然比平时晚睡了两个小时，但第二天早上稍微晚点起床，晚上再按照平日的时间点睡觉就行。

现如今易陷入"给予式"育儿的误区

我为什么如此重视心理健康呢？本书也多次提及，现如今的育儿容易陷入"给予式育儿"的误区，我想尽自己的绵薄之力改变这种方式。我们可以随意选择教育服务，网络上关于育儿方法也众说纷纭。所以父母们什么都想让孩子做。

<u>父母都以孩子为重，想让孩子有各种体验，</u>因此收集各种育儿信息。

结果，意识完全倒向"给予"，忽略了孩子内心是否愿意，很多父母都出现过这种行为。"给予式育儿"常常孕育着陷入任务管理的风险。

现在的社会结构也使得家长容易变成这样。

所以，家长们要重视孩子的心理健康，常常关注孩子的心之所向。

制订计划时首先计划好玩乐时间

那么，如何在生活中关注孩子的心之所向呢？制订一天的计划也好，一周也好，先加入玩乐的计划吧。

许多家长在制订孩子的计划时，一般想的是"如果有剩余时间再计划玩乐"。但这样没有考虑孩子的内心需求。

孩子在玩乐时，会发挥自己的特性，变得生机勃勃。通过玩乐充电获得能量，并将其用于学习、练习。

所以，在给孩子制订计划时，**合乎情理的想法是首先订好"玩乐"计划，剩下的时间再学习**。

实际上在我家从儿子上小学开始就一直实行这个计划。我们会在孩子确认作业等任务的同时，问孩子的玩乐计划："今天想玩什么呢？"如果儿子想先制订学习计划，我们也会提议："不不不，先写上你想看的电视节目吧。"

此处说的"玩乐"是孩子能够沉浸于喜欢的事情的时间，能够出神发呆的时间。不要局限于公园游玩、打游戏等"纯玩乐"，画画、看书，摸摸玩偶等日常乐趣也全部包含在内。

在内心不活跃的状态下被强加各种计划，不仅会强化孩子的"被逼迫感"，也不会令人有成就感。孩子**热心于自己喜欢的事情，获得满足和理解后，对学习也会变得积极**。

与心灵受到伤害相比，学习、运动的落后不是大问题

学习迟缓，身体活动量没有其他孩子多等，这些原本就不是大问题，之后都能改善。

偷懒一两天不写作业，如果之后会努力，这也没关系。

但如果变得没有精气神儿，觉得"已经无所谓了""什么都不想做"，恢复起来就很难了。

学习方面如果持续懈怠两三年，那就不是学习上的问题了，说明孩子心灵受到了打击，并已经日积月累，家长有必要把此当作心理问题来看待。治愈心灵创伤需要很长的时间和能量。

如果家长觉得迷茫，就按孩子的内心倾向来做决定吧。一说到健康，人们一般想到的是"身体健康"，但我想说的是，无论多少岁，"最重要的都是心理健康"。

| 专栏 | **住在大城市的父母需要知道的事情**

好多熟人都跟我说，从东京搬到外地后，孩子变得有活

力了。

　　有个朋友，他家孩子因为上辅导班太累了，都影响到身体了，他索性申请调动搬到了外地。于是，此前居住在东京时的"这个必须做，那个必须做"的被任务追赶的日子像泡沫一般消失了，父母和孩子都变得十分有活力，孩子也变得生气勃勃。

　　东京充满了各种高科技事物，各种高端的服务，信息也泛滥，便利的同时，也容易煽动起人的不安。为了平息"什么都不做会被社会淘汰"的不安，父母在育儿方面也容易加入过多的任务。与其说是父母的虚荣心，倒不如说是快节奏的城市生活让人变得如此。

　　所以，我希望首都圈（这里指日本东京等地），特别是在东京育儿的父母们能有这份自知，"我们在一座非常艰辛的城市里育儿"。在这个城市生存要比想象中更辛苦，也容易失去内心的从容。

　　所以，我希望能有更多的家庭知道"守护式"育儿的理念。"守护式"育儿不需要钱，是通过认同现在的自己、现在的孩子、现在所处的环境，能够从今天开始就立即实践的育儿方式。

第 6 章

教孩子建立正确的人际关系

自信

学习的技巧

习惯

秘诀 34　从家庭里学习寒暄

秘诀 35　联想别人关怀自己的过程并说"谢谢"

秘诀 36　通过阅读，培养孩子的人际关系素养

秘诀 37　通过做家务让孩子有"家庭一员"的意识

秘诀 38　与其禁止吵架，不如培养"和好的能力"

秘诀 34　从家庭里学习寒暄

孩子要想活用"自我坐标轴"在社会上幸福地生活，**构建人际关系的能力不可或缺**。毕竟人不可能永远只生活在原生家庭之中。构建人际关系的第一步就是"寒暄"，我们先来思考一下如何培养**孩子的寒暄能力**。

作为大前提，我希望家长们能够知道，对于孩子来说，"**寒暄可是相当的难**"。

寒暄的重要作用是让对方觉得"这个人对我没有敌意"。尤其是像美国这种云集了五湖四海人民的国家，更是有着要跟碰巧相遇的人积极寒暄的沟通文化。

日本属于村落社会结构，周围全是熟人，不习惯和陌生人接触。在这种情况下，人口不断流向东京等大城市，渐渐变成了一个"无言寒暄的社会",他们经常零交流地挤入一个个满员电车。

面对这种环境,如何培养孩子主动寒暄的能力呢?要点是首先让孩子从家里开始学习寒暄。不是简简单单嘱咐孩子一句"要打招呼"即可,重要的是父母先做好表率,给孩子展示寒暄的样子。

各位在家里是否会说"早上好""我出门了""路上小心""我回来了""欢迎回家""晚安"这些寒暄语呢?跟着重视寒暄的父母耳濡目染,孩子也会养成寒暄的习惯。

孩子并不是"不想寒暄"

对于孩子来说,和外面的人寒暄是一件大难事。

特别是不爱大声说话的孩子和善于观察周围情况的孩子,他们会思考:"如果我打了招呼,对方没有回复我,那该怎么办""如果他没有听到我打招呼,该怎么办"等可能遇到的阻碍,一不小心就错过了打招呼的时机,结果懊悔道:"啊,又没打成招呼。"

这种类型的孩子可以和父母一起尝试一下**"出门前的小练习"**，由父母扮演邻居，进行角色模拟。

做练习时，孩子可能会问大人意想不到的问题："如果对方没看我，我该怎么办呢？""从几点到几点是说早上好呢？""可以向陌生人搭话吗？"家长要一一作答，消除孩子的不安，让孩子放心地出门。

孩子本身就有寒暄的意愿

如果练习有效果，孩子会寒暄了，要笑着夸孩子："你做到了！"如果孩子没有像练习时那样顺利寒暄，家长可以陪在孩子身边问一问："是紧张了吗？""是不是很难说出来啊？"需要注意的是，如果质疑孩子："都练习过了，怎么还是不会说？"孩子就会越来越难说出口。要点是大人要**做好守护姿态，温柔地说："你是会寒暄的孩子，没能说出口一定有什么原因"**。

"虽然没能说出口，但你本身是想说的。下次一定能说出来的。"

"你有想寒暄的意愿就行。以后一定能说出口的。"

像这样不断地鼓励孩子,孩子就会逐渐变得能够寒暄了。

大城市尤其如此,彼此擦肩而过时经常是零交流,所以孩子看着大人相互之间冷漠的姿态,真的很难学会主动寒暄。但是,在今后的 AI 社会中,人与人之间的联系会变得越来越重要,寒暄也会助孩子一臂之力。请认真培养孩子的寒暄能力吧。

秘诀 35 联想别人关怀自己的过程并说"谢谢"

在改善孩子的人际关系方面,我认为与寒暄同等重要的还有道谢的能力。虽然每个父母都会教导孩子要跟别人道谢,但是实际上能说出口的孩子并不多。

在我的印象里,孩子<u>经常会把"谢谢"和得失联系在一起</u>。他们会在得到馈赠,或获得帮助等受益时道谢,但是很少有孩子会对别人的关心和关怀表示感谢。

会协调人际关系的人,即使收到的礼物不是自己喜欢的,也会想象着送礼人的心意以及亲自去店里挑选的过程,从而向对方表达谢意。

这样一想,我认为培养孩子道谢能力的要点是,不应该单纯地教孩子说"谢谢",而是要**培养孩子想象并感受周围人在关怀自己的能力**。

教导孩子对别人的"心意"致谢

我希望父母可以教导孩子想象、感知看不见的心意,并向其表示"感谢"。比如教导孩子在收到礼物时说:"这是您为我精心挑选的,我很开心。谢谢您的关心"。

大人往往会无意识地说:"别人帮你做某某了,对人家说'谢谢'"。这样一来,如果利益看不见摸不着,比如关心、关怀,孩子会想:"他明明没为我做什么,为什么要感谢?"或者收到不喜欢的东西时会想:"我又不想要,为什么要感谢?"

特别是在幼年时期,一般来说女孩子比男孩子更擅长对别人的心意说出"谢谢"。男孩子不擅长说"谢谢"是因为他们想象的能力还没有发育完全。

当然了,这种能力可以后天培养,所以**现在说不出"谢谢"也没关系**。

前面我们也稍微提到了一下,等到现在的孩子步入社会时,"人与人之间的联系"会比现在更为重要。随着网络和 AI 技术的发展,社会逐渐数字化,但真实的人与人之间的联系、心与心之间的联系的价值反而会提升。

生活在这样的社会,能对与自己相关的每个人的情况发挥联想的人,能与他人产生共鸣的人,会更受欢迎。请家长们不要仅仅满足于孩子口头上会说"谢谢",**<u>教导孩子发挥想象力将越来越重要</u>**。

重要的是让孩子想到"谢谢"的原因

口头上说一句简单的"谢谢"还远远不够,重要的是帮助孩子联想到周围人体贴、关怀自己的心意。

秘诀 36 通过阅读，培养孩子的人际关系素养

前面我们也谈到过阅读，有时是为了提升理解能力，有时是为了备考，我们现在抛开这些功利性的目的，想一想为什么从古至今，阅读都一直备受推崇呢？思考到最后，落脚点是<u>读书可以育人</u>。

教养是指<u>不断加深对人类社会的理解</u>，有教养也有助于我们理解各种人的背景。

例如对历史深有造诣的人，当其他人因眼前的社会现象而产生混乱时，他们也不会惊慌失措，能够冷静地看出"此前这种事也时有发生"。他们并不是在轻视其他人，而是能够理解"这是历史的重复"。知识变多了，相应地对人的理解也会加深，能够谅解他人。有教养就

会变得对他人温柔以待。

阅读大量图书等同于听到了许多人的教诲

为什么读书能够育人呢？这是因为每本书都总结了作者的思考、研究成果，凝缩了作者的一生。**读一本书，就如同和该书的作者进行对话。**

所以读大量图书，就是在同许多人交流，更进一步地说，就是听了许多人的教诲。如果阅读能力提高，人际关系也会变好。**阅读可以培养为人处世的教养。**

爱读书有时会给人以书呆子、不善交际的印象，实际并非如此。比起和人相处，稳重老实的孩子只是更享受沉浸在自己的世界和书籍对话的时刻，所以在外人眼里不善于交际。一旦他们由于某种契机开始与人交往后，此前读过的书便会发挥作用，成为孩子独特的魅力。

有一部漫画作品《猜谜王》，描绘了竞技猜谜的世界。我向儿子借来了这本漫画看了看，主人公正是一个不善交际的"书呆子"。但他一旦遇到竞技猜谜，此前通过阅读积累的渊博知识就派上了用场，这也让他大显身手。虽然画的是漫画里的世界，但这让我感到现实社会也是如此。

家长不能强迫孩子去阅读，只能等待孩子自愿迈入书海，享受阅读。家长能做的是帮助孩子与书籍更好地深交。

如果家长自身能够明白，阅读真正的价值并不在于单纯地获得眼前浅显的技巧，而是<u>享受和作者畅快地对话、拓展对世界的理解</u>，就能从容地等待孩子与书籍的深交了。

那么，如何帮助孩子与书籍深交呢？要点就是在孩子看完书后与他交流。什么书都行，培养孩子真实的阅读体验。孩子读过的书自然也包含在内。

询问一下他们的感想："这本书讲了一个什么样的故事？""哪里比较有趣？"告诉孩子他读书时的样子，"你看得好认真"。或者对孩子说："书里面出现的那个角色，好像你的朋友××呀！"把书和孩子的真实世界联系起来，或者对孩子说一些父母自己的回忆，"妈妈上幼儿园的时候也很喜欢这本书呢"，和孩子一起畅游在书海里吧。

任何书籍都有阅读的意义

最后关于选书,请家长不要只抱着"有用、没用"的观点。经常有父母跟我吐槽:"我家孩子最多就是看看漫画改编的小说,一本正经书都没认真看过……"其实<u>只要孩子享受阅读就足够了</u>。如果生活中有时间阅读,孩子的兴趣会随着成长不断扩展,为了遇见真心所爱而畅游书海。

秘诀 37　通过做家务让孩子有"家庭一员"的意识

现在的孩子们放学后，行程也被排得满满的，要参加培训班、辅导班，还要备考复习等。所以相比父母那一辈儿人，他们很少有做家务的经历。

然而，在培养孩子<u>自食其力方面</u>，家务经验发挥着重要作用。

做家务可以锻炼孩子哪些方面的能力

例如，<u>帮家长跑腿儿可以锻炼"计划能力"</u>。像"去超市前列出购物清单""看冰箱确认存货"就是防止漏买和浪费的好方法。

在店里对比商品，同样是蛋黄酱，但价格不同，还需要相应的"**判断力**"，最终决定是选择便宜的还是量大的。

"这个纳豆 98 日元，算是 100 日元吧。也就是说，今天买东西总共花了约 1500 日元"，这又用到了"**估算能力**"和"**计算能力**"。

打扫也可以锻炼"计划能力"。好不容易用吸尘器打扫干净地面了，这时如果再打扫高处的灰尘，又得重新打扫地面了。实际体验一下就能学习到计划的重要性。

打扫也可以培养"社会素质"。就算自己不在意屋子脏，但是别人会在意。我们可以体会到世界并不是只围着自己转。

叠衣服和折纸一样，可以培养"图形感"。如果能叠好衣服，在修学旅行等外宿学习的时候也不会感到为难。

让孩子体验"作为集体的一员发挥作用"

做家务可以锻炼很多能力，最重要的是教会孩子"**家庭生活需要全家人一起合作经营**"。

正因为我们处于一个习惯在父母照顾下成长的时代，

所以更应该**培养孩子的家庭成员意识，把做家务视作理所应当**。如果父母什么都事先准备好，就相当于给孩子灌输"家务应该由父母做"的理念，结果会妨碍孩子自立，阻碍孩子的成长。作为集体的一员发挥作用，是孩子学习与社会打交道的起点。我建议家长一定要让孩子做家务，当作他们履行职责的第一步体验。

做家务能让孩子有家庭主人翁意识

通过做家务培养孩子的家庭意识，"自己也是家中一员，做家务是理所应当的"，这也可培养孩子的独立意识。

秘诀 38 与其禁止吵架，不如培养"和好的能力"

在孩子的世界，一定会发生吵架和情感不和等人际关系纠纷。有的孩子可能就会与对方绝交。但是，正如前面多次提及的，今后人与人的联系会越来越重要。

因此，**比起教育孩子"不要吵架"，更重要的是培养其吵架后与对方和好的能力。**

如果孩子和好朋友吵架了，首先要问孩子事实："发生了什么事？"然后和孩子一起尝试站在对方的角度思考一下"对方是怎么想的""为什么会说那样的话"。

还要询问孩子："吵架和绝交是两回事，你想怎么做呢？"试着让孩子思考一下和朋友的关系，想象一下对方的心情，"或许对方也想和好呢"。鼓励孩子："你也觉得自己说的话不对吧？鼓起勇气道歉怎么样？"推动孩子的下一步行动。

大人稍微施以援手，帮助孩子**整理自己的想法，想象对方的想法和心情**，这在以后会成为孩子的助力。

一听孩子说吵架了，当父母的也会变得心烦意乱，但事情已经发生，我们已无力改变，倒不如为孩子有了自己的主见而感到高兴。然后鼓励孩子和好。当孩子和朋友和好如初时请表扬孩子。

如何处理欺凌

小吵小闹还能接受，但父母最担心的是"欺凌"问题。任何人身上都可能发生此类事情，并且没有绝对正确的解决方法。

无论是被欺凌的一方还是欺凌的一方，在处理与欺凌相关的事情时，要求亲子之间从平日里就要构建起"无所不言的关系"。并且，**在教导孩子善恶之前，首先要保护好孩子的心灵**。

对于受到欺凌、受伤的孩子，请认真地告诉他："你没有做错！你的存在很有意义。"

而且我们也要知道，**欺负人的孩子也很有可能正在因为某种不安和自卑而痛苦**。

如果自己的孩子是欺凌的一方，先不要说"这样不对"这种否定的话。因为即使父母不说，大部分的孩子也已经充分感到了内疚，知道自己"做了错事"。

"你也后悔欺负人了，对吧？"

"你注意到了自己在欺凌别人吗？"

"是因为什么事情欺负人呢？"

首先请尝试以这样的问话来听听孩子的想法。

如果孩子不是自愿参与欺凌，可以说"爸爸（妈妈）也不知道怎样做才是最正确的"，和孩子商量怎样才能不参与欺凌。如果班里有能沟通的其他父母的话，可以互相合作处理。

话虽如此，一般手段是解决不了欺凌的。

所以我希望父母能**首先考虑如何做才能守护孩子，如何做才能倾听孩子的心声**。

据说 40 人的班级里只要有两三个为所欲为的孩子，

很容易就能导致班级混乱。一听到班级混乱,人们往往会认为是问题儿童聚集在了一起,但其实一开始大部分的孩子都是在正常地上学,仅仅受那两三人的影响,其他孩子也开始行为不当。

欺凌也是如此。家长要谨记,即使孩子不愿意参与,也有可能被卷入其中,我们父母必须守护好自己的孩子。

| 专栏 | 小升初考试和孩子的纠纷

在小升初考试中,经常会出现欺凌的现象。每年的六年级学生中,从6月份开始,被同学说坏话、笔记本被别人藏起来的"欺凌"都会增多。有的虽然算不上欺凌,但休息时间玩乐的时候,玩法过激导致孩子受伤的情况也时有发生。这都是孩子释放考试压力的表现,六年级正是容易发生这种问题的阶段。

另外还会有孩子喜欢乱打听其他孩子的志愿学校:"考上哪里了?"这也会成为嫉妒的原因。父母之间也会发生这种情况。

父母也知道孩子处于这个敏感时期,但是一旦自己的孩子被卷入还是会生气,心情也会变得不好。

"现在大家都很拼命,所以有可能出现一些不好的反应",也可以说是一种逃避,在备考时期有些事经常需要孩子学会接受。

每年等考试一过,那些心浮气躁的行为也会沉淀下来被人遗忘。可以在家里和孩子谈论"大家现在都处于这样的状态下",尽量以平和的心态去对待。要知道任何地方都会发生这种纠纷,所以如果有心理准备,就能平静地接受"果然我们身边都会发生这种事"。

第 7 章

亲子间的相互认同

自信

学习的
技巧

习惯

秘诀 39　因为"对孩子有爱"才会产生愤怒和不安
秘诀 40　妈妈容易唠叨的原因
秘诀 41　知道"为什么"的正确用法
秘诀 42　有勇气对孩子认真道歉
秘诀 43　不是"教孩子",而是"和孩子一起成长"

秘诀 39 因为"对孩子有爱"才会产生愤怒和不安

育儿的烦恼是无穷无尽的。

越是认真、热情的家长,就越在意"自己能否做好育儿",有时似乎都要被不安所压倒。

我希望家长们可以事先知道,育儿方面的各种烦恼、困惑、不安都来自于"对孩子的关爱"。

育儿、教育等话题容易引起热议的原因

育儿、教育话题常常产生"爆炸性新闻"。

这是因为,有些家长在看到"和自己不同的育儿""和自己不同的教育"时,就<u>会感到自己、自己的孩</u>

子被否定了。

他们会采取"攻击他人"的不当言行，但心底里深藏着自爱和对自己孩子的关爱。

而且，有的家长在网络上看到其他家长让孩子学各种才艺，四处旅游，给孩子做各种营养美食后，也会感到疲惫不安，怀疑自己还做不到那个地步，真的没关系吗？其实原因都是一样的，都是出于对自己孩子的爱。

为人父母后，都想要比较比较自己和他人的育儿优劣，因为比较而愤怒、不安、疲惫，这些情感都出自于对自己孩子的爱护，请家长们持有这个认知，我想烦恼会因此有所减少。

"父母因小升初考试而吵架""让孩子上许多培训班"都是源于对孩子的爱

孩子面临小升初考试时，家长吵架会激增，这些案例带有一定的特点，即家长没有相互商讨教育观。

即使父母二人此前讨论过各自对育儿的想法，这种分歧也会不知不觉地出现，如果有像小升初考试那样必须全家人投入精力的活动，就会**凸显出各自不同的育儿想法**。

例如，爸爸说"会做了才能睡"，与之相对的，妈妈会说"累坏了可就不好了，不要勉强自己"。

两个人都坚持自己的想法，最后一定会吵起来。但是双方的出发点是一样的，都是"为孩子着想，爱孩子"。

有的家庭会让孩子学习很多才艺，旁人看了都会诧异"是不是太多了"，家长的心理其实也一样。为了孩子将来学习不吃力，为了孩子能发挥自己的能力，等等，出于一片好心让孩子学习，但家长在让孩子学这学那的过程中，会对时间有空余而感到不安，注意到后便把计划排得满满的……其实都出于对孩子的爱。

当父母对育儿谈不拢时，或者对朋友的言行不认可时，请不要思考"哪个是正确的"，而是要持有"亲情的表达方式各不相同"的观点。父母二人可以商量而最终做出决定"选择哪一个"。

如果咨询过许多人，觉得自己的育儿方式不恰当，只需**重新选择新的亲情表达方式**即可。但要明白，此前不当的育儿方法也是出自于亲情。

与孩子相处得不融洽,觉得自己家孩子比不上别人家的孩子,等等,当你失落或失去自信时,请一定重新回到出发点,"我有这种想法正说明我在关爱着孩子"。

所有都来自父母对孩子深沉的爱。

秘诀 40　妈妈容易唠叨的原因

本书反复提到了"表扬理所当然"的重要性。

在谈到表扬的重要性时，有家长会说，"我明明想更多地表扬孩子，却老是批评"，"老是批评孩子的我真的讨厌孩子吗？"

实际上，**批评也好，表扬也好，其实是一样的**。都是因为重视孩子，希望孩子能更好地成长，只是表达形式不同而已。

批评也是因为在意孩子。批评得厉害也是因为太在意孩子了。太担心、太在意，所以批评过头了。我希望家长可以清楚这一点。

过度不安、过度担心就会变成愤怒。**没完没了地训**

<u>斥孩子，就是父母不安、太担心，最终导致情绪过度的证据</u>。

突然意识到自己每天都啰哩啰嗦，对这样的自己感到厌烦的时候，我希望父母能先注意到"原来自己这么在意孩子啊"。

"过分训斥是没有意义的一种表达方式，所以<u>**此时最好请求他人的帮助**</u>"，只要注意到这点即可。

为什么妈妈会过度批评孩子呢

总的来说，过分训斥孩子的人多数是妈妈。从怀上孩子开始，这几年里一直陪在孩子身边的人大部分都是妈妈。

<u>**因为妈妈从怀上孩子的时候开始，就在拼命育儿。**</u>

我经常说："<u>**妈妈过分苛责，正是她们舍命育儿的勋章**</u>。"想一想，在孩子3岁之前，妈妈对育儿多么尽心尽力吧，说"舍命"绝对所言非虚。

刚出生的婴儿每隔几小时就要喂奶。据说喂一次奶消耗的体力就像全力跑 800 米。即使喂奶粉，也要调节水温，每次要给奶瓶杀菌，也非常耗神耗时。

睡不了一个好觉，这种日子会持续几个月甚至一年以上。

婴儿无法用语言沟通，所以妈妈每天都要对孩子的表情、哭声费心劳神，宝贝肚子是不是饿了？有没有不舒服？

"如果我疏忽了，没能注意到孩子的哭声，孩子也许就会生病，也许会死"，即使没有说出口，但妈妈们都怀有这种想法，在努力地育儿。

常常考虑到最坏的状况，迅速发现问题，持续守护自己的孩子，每一位有小孩子的妈妈都是如此。妈妈可以说是"发现问题的专家"。**连续三年如此，即使别人说"看看孩子好的地方"，也没那么容易了。**

相对于批评孩子的妈妈，爸爸却会说："没必要那么生气吧。"这是因为爸爸**虽然也在意孩子，但没有那么拼命**。所以能够保持冷静，注意不到妈妈的辛苦。我希望所有父母都能够清楚地认识到这一点。

啰唆唠叨是妈妈努力育儿的证据。把此当作勋章，在此基础上逐渐有意识地把亲情转化为"守护的力量"吧。

此前我们都是在舍命育儿，我相信**那份力量一定能向"守护"转变**。

秘诀 **41** 知道"为什么"的正确用法

此前我帮助过许多家庭,发现了一个能够迅速改善亲子关系的秘籍,即**改变"为什么"的用法**。

例如,你有没有这样使用"为何""为什么"呢?

"为何忘了呢?"

"为什么弄错了呢?"

"为什么别人跟你说了之后,不能立即去做呢?"

你觉得这样使用很正常吧?但是,只要使用这样的说法,孩子就无法做到自学。站在孩子的角度来看,自己失败时被问"为什么",也只能回答出"因为我笨"。

作为父母,本想告诉孩子"下次不要忘了","做法正确的话,应该就能做到",但却对孩子脱口说出:"为什么做不到呢？"在孩子看来，这就等同于说"你是个笨蛋"。用错"为什么"，它就会成为如同凶器一般的语言。

事情顺利时才问"为什么"

那么，**什么时候用"为什么"呢？当孩子做事顺利时，或者成功完成的时候，就可以使用**。能跨过更高难度的栏杆了，考试成绩提高了，具体如下所示：

"为什么这次就能跳过去了呢？"

"为什么进行得这么顺利呢？"

这种问法强调了"顺利是有原因的"，"因为你付出了努力和精力"。面对这样的"为什么"，孩子能回答出"因为做了……"等顺利完成的原因。

如果能说出顺利的原因，那么下次照着做也能顺利完成。改变一下用法，"为什么"就会变成孩子自信和有干劲的助力器。

事情不顺利时，不要问"为什么"

那么，该如何提醒孩子注意到自己的失败呢？请用"什么"来代替"为什么"吧。

"你没有做作业，发生什么事了吗？"

"明明做练习了，还是没能做到，是发生什么了吗？"

被家长这样问，孩子也能解释"准备做来着，但后来去玩忘记了"。知道理由，就可以告诉孩子："那下次，先完成再去玩吧。"

不要说会令孩子自责的"为什么"，而是使用把目光转向事件本身的问法，让孩子把精力更好地投入到下次。

看到这里，也许有的家长会感到不安，"以前我老是用'为什么'责怪孩子……"，但以前我们**只是没有机会去学习"为什么"的用法**，所以这也是没办法的事。

日本人不喜欢给别人添麻烦，所以容易使用责怪的语气，常会说"为什么做了那样的事"。

现在的家长是在"为什么做不到"的质问声中长大的，所以表达方式无法立刻改变。首先把"为什么"的用法当作知识来掌握，之后逐渐有意识地去使用即可。

秘诀 42　有勇气对孩子认真道歉

比教导孩子更重要的是，当父母觉得自己做错了的时候，会进行道歉，说"对不起"。

为什么道歉很重要呢？因为"<u>对孩子道歉＝认同孩子是一个独立的个体</u>"。

父母明显做错了、情感表达过度、言语不当的时候，如果当作什么都没发生过，或者对指责自己的孩子翻脸，"小孩子不能说那样的话"，孩子会敏感地察觉到"自己不受重视"。

那样一来，孩子就不可能努力。即使说不出来，心里也会觉得"<u>父母是这样的做法，那以后我也这么对待别人</u>"，"即便对这个人说自己的想法也没意义"。

所以在增强亲子信赖关系上，家长做错时能否向孩子道歉，从某种意义上来说，是辨别家长力量的试金石。

父母说"对不起"，孩子回答"没关系"，这代表家长和孩子站在了同一高度。**真正的信赖关系，是从亲子站在同一水平线开始的。**

越是不辞辛苦照顾孩子的父母，越不善于向孩子道歉。经常是"给予的一方"，无意识间觉得自己占据上位。如果你心里有这样的苗头，还请稍微拿出勇气，和孩子站在同样的高度。认同孩子是一个独立的个体之后会更多地发现孩子的优点和孩子值得认可的地方，也能构建亲子相互学习的良好关系。

秘诀 43 不是"教孩子",而是"和孩子一起成长"

在本书的最后,我想告诉大家的是,育儿不是单方面的"父母给予孩子",而是"**父母在培养孩子,孩子也在培养父母**"的"相互成长的关系"。

"孩子懂什么呀。"大人往往会这么想,但实际上<u>连两三岁的孩子也能看穿父母</u>。只是他们不会用语言表达罢了。

例如当孩子说"我想去公园找虫子",但父母自己不想去时,就会找借口说"雨刚停,地面太泥泞了,今天别去了",但孩子其实明白"虽然妈妈有理由,但只是妈妈不感兴趣罢了"。

父母疲惫的时候,虽然孩子还不会表达"爸爸妈妈不要勉强自己"之类的话，但他们也能注意到"父母有点不对劲儿"。

所以，如果家长累了可以直接对孩子说："爸爸今天有点累，出去玩太费力气了。对不起。"如此一来，孩子也能理解大人"怪不得有点不对劲儿，原来是爸爸太累了"。

"孩子全都明白"

有一件事我至今都历历在目。

有段时期，我和妻子都很焦躁，家里的氛围可谓乌云密布。某个周末，全家人一起出门。

我、儿子、妻子并排走在路上，我和妻子都时不时地看看儿子，但丝毫不看对方。

就这样走了一会儿后，发生了一件事。

刚上幼儿园的儿子看看我的脸，再看看妻子的脸，把我们俩各自牵着他的手合到了一起。

我全身如过电般受到冲击，现在仍记忆犹新，"原来这些孩子全都知道"。

把育儿视为"父母给予孩子",也容易把自己的不安反映到孩子身上。

例如自己不会英语,就想让孩子把英语学好;自己不会编程,就疯狂地给孩子报编程课;自己不善交际,就想让孩子多交朋友。

但那是父母自己的期待,不是孩子的需要。

家长首先要认可真实的自己,谅解自己,自尊自爱。即使有不擅长的东西,即使失败了,那也是自己的真实状态。夫妻之间、家人之间要相互认可,彼此重视,要自信"这样的自己也不差"。

到那个时候,父母会注意到能守护孩子的自己。

能守护好随心而动、深入学习的孩子。

孩子和父母是不同的存在,自然不同。

孩子是孩子,父母是父母。

认同、守护、相信孩子,等待孩子长大。亲子关系是相互培养的关系。未来,孩子一定会成长为可以自学的孩子。

结　语

写作本书时，正值**新冠疫情**肆虐时。

突然的停课休学、远程工作、经济不安使得育儿环境发生了巨变，全日本的孩子和家长都苦不堪言。

生活节奏被打乱，孩子失去学习欲望；亲子、夫妻之间频发争吵；孩子学习成绩下滑，总是重复徒劳地备考；孩子患上抑郁症……各种咨询纷沓而至。对于所有问题，我全部都基于"守护式"育儿的方法给出了回答。

告诉家长"要信赖孩子"和"培养信赖的知识和方法"的同时，我还会告诉他们，你们家孩子没问题。

作为妈妈的你，作为爸爸的你，都没问题。

开导的同时也有所依据。

本书提到的内容全部都是来自此前受理的真实案例，即引导孩子和家长重现笑颜的守护式养育法的真实实践。

我希望看完本书的读者能立即采纳书里的方法。

我的梦想是，守护式养育法在日本全国广为普及，每一个孩子都充满自信和学习的意愿。

一起通过"守护式"育儿展露笑颜吧！

小川大介